KB002474

하루 1440분 시간관리

지혜의 샘 시리즈 27

하루 1440분 시간관리

초판 1쇄 발행 | 2010년 11월 05일
초판 4쇄 발행 | 2013년 02월 20일

엮은이 | 조주연

발행인 | 김선희 · 대 표 | 김종대
펴낸곳 | 도서출판 매월당
책임편집 | 박옥훈
디자인 | 윤정선
마케터 | 양진철

등록번호 | 388-2006-000018호
등록일 | 2005년 4월 7일
주소 | 경기도 부천시 소사구 송내동 뉴서울아파트 109동 1601호
전화 | 032-666-1130
팩스 | 032-215-1130

ISBN 978-89-91702-71-4 (03320)

· 책값은 뒤표지에 있습니다.
· 잘못된 책은 바꿔드립니다.

지혜의 샘 시리즈 27

조주연 엮음

하루 1440분 시간관리

프롤로그

인생의 매 순간을 충실히 살려고 노력한 사람들도 시간이 지난 후에는 흘러간 세월을 아쉬워하며 좀 더 열심히 살지 못했음을 후회하곤 한다. 하루 24시간, 즉 1440분은 이 세상 그 누구에게나 공평하게 부여되는 시간이다.

옛날 어느 젊은 사형수가 있었다. 그는 28세의 젊은 나이에 내란 음모 혐의로 사형선고를 받고 형장으로 끌려갔다. 사형을 집행하기 전, 그에게 최후의 5분이 주어졌다. 그는 이제까지 살아온 과거를 정리하고 자신을 알고 있는 모든 이들에게 작별 기도를 하는데 2분, 오늘날까지 살아가게 해주신 하느님에 대한 감사와 곁에 있던 다른 사형수들과 작별 인사를 나누는데 2분, 나머지 1분은 자신이 최후까지 딛고 서 있던 땅과 하늘과 자연에게 감사하기로 마음먹었다.

눈에서 흐르는 슬픔을 삼키면서 가족과 친구들을 생각하다 2분을 흘려보냈다. 그리고 자신에 대해 돌이켜보려는 순간, '아, 내 인생도 이제 3분 후면 끝이구나.' 하는 생각이 들자 눈앞이 캄캄해졌다. 지나가버린 28년이란 세월을 금쪽같이 쓰지 못한 것이 정말 후회되었다. '아! 다시 한 번 인생을 살아갈 수 있다면…….' 하고 회한의 눈물을 흘리던 그 순간, 탄환을 장전하는 소리가 들렸고 그는 죽음의 공포에 떨어야만 했다. 바로 그때 기적이 일어났다. 황제의 특사가 흰 수건을 흔들면서 달려오고 있었던 것이다. 그로 인해 죽음의 문턱에서 간신히 목숨을 건지게 된 그는 인생에 대해 깊은 생각을 하게 되었고, 사형 집행 직전 5분을 기억하며 평생 '시간의 소중함'을 간직했다고 한다. 또 매 순간을 마지막 순간인 것처럼 열심히 살았고, 그 결과 수많은 불후의 명작을 발표하여 톨스토이에 비견되는 세계적 문호로 성장하였다고 한다.

이 이야기는 우리에게 《죄와 벌》, 《카라마조프의 형제들》 등으로 잘 알려진 도스토예프스키의 젊었을 때 일이다. 누구나 죽기 직전이라고 생각한다면 자신이 그동안 살아온 세월에 대한 후회와 반성을 하지 않을 수 없을 것이다. 그 누구라도 '다시 한 번만 내게 기회가 주어진다면 이번에는 정말 제대로 살 수 있을 텐데….' 라며 탄식하고 싶지 않다면, 지금 당장 구태의연한 타성을 버리고 잡다한 일은 효과적으로 처리하며, 대담하고 적극적으로 생활을 이끌어 나가라. 그러면 당신이 필요로 하는 시간을 마음껏 얻고 누릴 수 있을 것이다.

이제 더는 '한 시간만 더 있다면' 등의 푸념은 그만두자. 마음만 급해 조바심내거나 긴장과 중압감에 시달리는 것은 더 큰 시간 낭비를 가져올 뿐이다. 시간에 쫓기지 말고 시간이 나를 따라오도록 소중한 하루 24시간을 제대로 활용할 수 있도록 스스로 노력해야 한다.

차 례

일찍 일어나는 새가 벌레를 많이 잡는다

돈은 시간에 비하면 훨씬 손에 넣기 쉬운 것이다. 일정한 수입으로 살림을 꾸려가기 힘들면 좀 더 일해서 벌면 된다. 차용할 수도 있고 다른 방법으로 손에 넣을 수도 있다. 그러나 시간은 그 소유가 모두에게 엄격하게 제한되고 있다.

— 아놀드 베넷(영국 작가)

01

기상이 반이다

눈을 뜨면 바로 일어나라

하루를 시작하기 위해 가장 먼저 해야 할 일은 잠자리에서 눈을 뜨는 것이다. 그러나 아침에 일어나는 것은 누구에게나 힘들고, 잠자리에서 꾸물대는 것이 보통이다. 제 시간에 울리는 알람소리를 듣고 눈을 뜨더라도, 이불 속에서 꾸물대다 보면 일정에 늦을 수밖에 없다. 기분 좋은 마음으로 하루를 즐겁게 시작하기 위해서는 이 시간이 제일 소중하다. 1분이 10분 같은 아침 시간을 절약하기 위해서는 아침에 눈을 뜨자마자 즉시 일어나야 한다. 잠자리에서 이불을 걷어차고 벌떡 일어나는 것이 하루의 일과를 활기차게 시작하기 위한 최초의 방법인 것이다.

물론 이미 알고 있는 경우에도 이를 실행에 옮기는 것은 쉽지 않다. 소풍을 가기 전날, 늦게까지 잠을 못 이루던 아이들도 그 다음날이 되면 활기차게 일어난다. 다음날 중요한 약속이 있거나 설레는 일이 있는 경우에는 알람이 울리기도 전에 일어나는 자신의 모습을 보기도 한다. 이처럼 아침에 일어나는 것은 자신의 의지에 달린 일이다.

음악으로 눈뜨는 아침

일어나고 싶은 시간에 일어나는 방법에는 여러 가지가 있다. 핸드폰이나 시계의 알람, 모닝콜, 마인드 컨트롤로 일어나야 할 시간을 반복하여 생각하는 법도 있다. 하지만 좀 더 상쾌하게 아침을 시작하는 방법으로 라디오 모닝콜도 좋은 방법이다. 타이머가 있는 라디오나 부팅 시간을 조절할 수 있는 컴퓨터 등을 이용하여 자신이 원하는 방식의 알람을 만들어보는 것이다. 평소 좋아하는 음악을 듣는 것도 좋다. 클래식 음악을 들으면 잠이 깨지 않을 수도 있으므로 기분을 상쾌하게 할 수 있는 신나는 음악을 틀어보자. 좋아하는 노래로 하루를 시작하면 하루 종일 그 노래를 흥얼거리면서 더 즐거운 하루를 보낼 수 있기 때문이다. 갑자기 잠에서 깨게 하는 알람시계나 핸드폰의 단조로운 기계음보다는 아침에 들을 수 있는 유쾌한 라디오 방송, 상쾌하고 기분 좋은 음악은 좀 더 기분 좋은 하루를 만들어줄 것이다.

공부로 아침 바꾸기

이른 아침에는 영어 등의 외국어 교육을 위한 라디오 방송들이 많이 있다. 일반 음악 방송의 라디오를 듣는 것도 좋지만, 머리맡에 외국어 교재를 두고 공부해 보는 것도 좋은 방법이다. 시중에는 팝송, 드라마, 영화 등을 이용하여 만든 아침 라디오 방송 영어 교재가 다양하게 출시되어 있고, 많은 인기를 누리고 있다.

반드시 책상에 앉아서 공부할 필요는 없다. 졸린 눈이 떠지지 않으면 눈을 감고 방송을 들어보자. 또는 침대에 누워서 책을 보고 외국 노래를 흥얼거리면서 잠을 조금씩 깰 수 있다면 보람이 두 배가 되는 아침 시간을 보낼 수 있을 것이다. 평소 기상 시간보다 이른 시간이라면 더욱 효과적이며, 학원에 가거나 따로 공부를 하지 않더라도 하루를 보람차게 보낼 수 있는 시작이 될 것이다. 어떤 일을 할 때 가장 필요한 것은 바로 자신의 의지이다. 하고자 하는 의지만 있다면 공부도 일도 어디서든 할 수 있다는 사실을 언제나 기억하도록 하자.

하루 계획 세워보기

대부분의 사람들은 알람소리를 듣고 눈을 뜨지만 다시 잠들어버리는 경우가 일반적이다. 스스로도 그 사실을 잘 알기 때문에 알람시계를 몇 개씩 맞추어 두기도 하고, 반복하여 울릴 수 있도록 신경을 쓰기도 한다. 그러나 이러한 노력을 했음에도 불구하고 포근한 잠자리의 유혹을 버리지 못하다가 결국 최후의 시간이 되어서야 허둥지둥 출근 준비를 하는 경우가 대부분이다. 그럴 때는 눈을 뜬 뒤 하루의 계획을 세워보자. 강제로 잠자리에서 일어날 것이 아니라 시간 안배를 해보는 것이다. 가령 지금 일어나면 아침을 10분 동안 먹고, 샤워를 10분 동안 할 수 있겠다는 등 상세한 아침 계획을 세워보자. 여유 있게 준비했을 때와 그렇지 않았을 때를 생각해 본다면 잠자리에서 일어나는 것이 한결 쉬워질 것이다.

그래도 시간이 남았을 경우에는 오늘 해야 할 일을 생각해 보자. 조금만 빨리 일어나도 시간에 쫓기지 않고 출근하여 회사에서도 커피 한 잔의 여유를 즐길 수 있다. 그러나 늑장을 부리다가 늦게 일어나 지각을 겨우 면한 상태로 출근을 했을 때는 시작이 여유롭지 않을 것이다. 또한 오늘 해야 할 업무, 저녁 시간의 약속 등을 생각하면 좀 더 쉽게 잠이 깨고 일어날 수 있는 힘이 될 것이다.

하지만 무엇보다 눈을 떴을 때 벌떡 일어나는 습관만큼 좋은 것은 없다. 막상 잠자리에서 몸을 일으키면 생각처럼 잠에 대한 욕망이 강하지는 않다. 다른 일과 마찬가지로 처음 한 번이 어려운 것이다. 자, 내일 아침부터 당장 이 계획을 실천해 보자.

시간을 절약하는 잠재의식

잠재의식은 일의 대부분을 분담해 주는 역할을 할 뿐만 아니라 새로운 아이디어와 마음속에 품고 있는 아이디어까지 발견하게 해준다. 그렇다면 이러한 잠재의식을 어떻게 활용해야 할까? 물론 잠재의식이 만병통치는 아니다. 하지만 반복되는 사이에 잠재의식은 찾고 있는 아이디어나 방법을 문득 가져다줄 것이다.

1. 하고 싶다고 생각하는 일을 명확하게 마음에 그려본다. 당신의 머리에 들어오는 것은 모두 정리되고, 잠재의식이 당신을 위해 이용되는 자료가 될 것이다.

2. 정신을 통일하고 조용한 시간과 장소를 골라 잠재의식 속에서 '나는 이 일을 어떠한 방향으로 하고 싶다.' 라고 암시한다.

3. 단 몇 분이라도 그 문제에 몰두한다. 평소 정신을 집중하는 훈련을 해왔다면 더욱 큰 도움이 될 것이다. 만약 준비나 아이디어를 생각하고 싶다면 시간을 더 활용하는 것도 좋다.

4. 잠재의식에게 특별한 임무를 주는 가장 좋은 시간은 잠자기 직전이다. 졸리거나 방심한 상태의 의식 속에 일을 준다면 매우 큰 효과를 얻을 수 있다.

5. 시간을 정하고 그때까지 일에 대한 모든 것을 잊도록 한다. 그리고 잠재의식이 그 일에 대한 해결을 줄 것이라는 분명한 신념을 갖도록 한다.

아침형 인간에 대한 로망을 버리자

"나는 몇 시에 자더라도 새벽 6시면 눈이 떠져." 이런 말을 하는 사람들을 보면 대부분의 사람들은 부러움을 금치 못한다. 이처럼 아침에 일찍 일어나는 것을 자신 있어 하는 사람들도 있지만, 그렇지 않은 사람들도 많다. 물론 성공하는 사람들의 대부분이 아침형 인간이라는 것은 인정해야 한다. 그것은 그들이 일할 수 있는 시간이 많기 때문에 그만큼 시간의 활용도를 높일 수 있는 것이다. 그러나 자신의 생활을 좀 더 윤택하게 하고자 하는 정도의 목표를 가지고 있다면 굳이 아침형 인간에 집착할 필요는 없다.

농업이 주가 되었던 옛날에는 일찍 일어나야 하루를 보람 있게 보낼 수 있었다. 그러나 요즘은 어떤가? 반드시 날이 밝았을 때만 일을 할 수 있는 것은 아니기 때문에 자신의 생체 리듬을 따르는 것이 더 중요하다. 일찍 일어나는 것이 너무 어렵고 오히려 하루가 피곤해지는 사람이라면, 집중할 수 있는 다른 시간대를 찾아보자.

아침형 인간처럼 새벽도 좋고 남들이 이해하지 못하는 오후 시간도 좋다. 깊은 밤에 집중이 잘 된다면 기상 시간을 좀 늦추더라도 그 시간의 집중력을 충분히 활용하자. 다른 시간에 집중력을 높일 수 있다면 그것만으로도 충분하기 때문이다.

그러나 이것은 자신의 의지력이 중심이 되어야 한다. 자신이 일어나기로 한 시간에 일어나지 못했다거나 불필요한 일로 시간을 낭비하는 것은 이에 해당되지 않는다. 기상 시간이 문제가 아니라 자신의 생활에 대해 반성을 해야 하는 것이다. 자신만의 시간을 자신만의 방법으로 효율적으로 실천하는 것이 가장 좋다.

인간의 세 가지 유형

1. 아침형 인간

난로를 뜨겁게 해서 불이 잘 탈 수 있도록 준비를 갖추고 일어나는 사람과 같다. 아침형 인간은 정오가 되면 활동력이 정점에 달하며, 그 후에는 차츰 냉각되어 밤이 되면 하루의 일과로 녹초가 된다.

2. 저녁형 인간

아침에 일어나기 싫어하는 사람으로, 오전은 멍하니 보내는 경우가 많다. 그러나 이러한 사람은 오후가 되면 활기를 띠기 시작하고, 밤늦게까지 활동할 수 있는 체력과 열정을 가지게 된다.

3. 아침저녁형 인간

이러한 유형의 사람들은 아침형과 저녁형 양쪽의 장점을 함께 가지고 있는 사람이다. 이 유형의 사람들은 아침 일찍부터 활동을 시작하여 낮에 한 번 냉각되지만, 밤이 되면서 다시 열정이 타오르게 된다.

이 세 종류에 따라 자신의 유형을 정한다면 가장 좋은 시간을 자신만의 것으로 만들어서 최고의 효과를 얻을 수 있을 것이다. 그러므로 자신에게 알맞은 시간이 언제인지를 미리 알아두는 것이 중요하다. 또한 자신이 가지고 있는 능력 이상으로 속도를 내게 되면, 정신과 육체에 무리가 가해져 오히려 일의 속도와 질을 떨어뜨릴 수 있으므로 주의해야 한다.

02

짧고 굵은 수면 시간

위인들의 낮잠 습관

미국의 제32대 대통령 루스벨트는 매일 점심 식사 후 30분의 낮잠을 잤다고 한다. 그는 이때의 30분이 밤의 3시간과 같은 가치를 지닌다고 말했고, 실제로 낮잠 덕분에 매일 3시간씩 더 일할 수 있었다. 제33대 대통령 트루먼 역시 언제 어디서라도 잘 수 있는 능력을 몸에 지니고 있었다. 그는 대통령 관저에서 조금이라도 여유가 있을 때면 잠을 잤고, 특별히 중요한 연설이나 회의가 있을 때는 짧게는 15분, 길게는 30분 정도 눈을 붙였다. 이렇게 기운을 회복하여 2시간 내내 연설을 하거나 회의가 있을 때 고도의 집중력을 발휘할 수 있었던 것이다.

영국의 총리 윈스턴 처칠 역시 침대에서 낮잠 자는 일을 오랜 습관으로 지녀왔다. 꾸준히 휴식을 취함으로써 항상 모든 일을 열정적으로 할 수 있었고, 두뇌를 늘 가볍고 맑은 상태로 유지시킨 덕분에 머리에 떠오른 생각을 그 자리에서 정확하게 포착할 수 있었다. 미국의 유명한 발명가 에디슨도 같은 습관을 가지고 있었다. 에디슨은 하루에 3~4시간밖에 자지 않았지만, 어디서나 쉽게 잘 수 있어 매일 2~3시간의 낮잠을 자곤 했다.

숙면만큼 효과적인 휴식

휴식을 취하기에 가장 좋은 시간은 하루의 일과를 마치고 집으로 돌아간 이후이다. 휴식이란 반드시 몸을 눕혀 잠을 자는 것만 말하는 것은 아니다. 깨끗하게 몸을 씻은 후에 편안한 장소에서 10~15분 정도 스트레칭을 하는 것은 매우 효과적이다. 또는 욕탕에 몸을 담그거나 반신욕을 하거나 잠시 숙면을 취하는 것은 두세 잔의 술보다 더 큰 효과가 있으며, 그 이후의 시간에 긍정적인 영향을 미칠 수 있다.

이렇게 휴식을 취한 뒤에는 아침과 같은 활력소가 생겨 새롭게 공부나 일을 시작하는 것도 가능하다. 저녁을 먹고 하릴없이 볼 만한 프로그램을 찾아 채널을 돌리는 것보다 평소에 읽고 싶었던 책, 하고 싶었던 공부를 하는 것이 효율적이라는 것은 두말할 필요가 없다. 그러므로 자신의 생체 리듬에 따라 휴식 시간을 잘 활용하여 좀 더 효율적인 생활을 할 수 있도록 노력하자.

시간을 절약하는 숙면

여가 시간을 많이 만들기 위해서는 수면 시기를 조절하여 휴식 능력을 높이는 것이 중요하다. 수면을 줄이고 휴식 시간을 늘리면 잠자는 시간을 단축하고 깨어있는 시간이 길어지기 때문이다. 잘 시간도 없이 바쁜 많은 CEO들 역시 하루에 수면 시간은 4시간 전후에 불과하지만, 낮에 짬짬이 수면이나 휴식을 취하는 경우가 대부분이다.

업무의 종류에 따라서는 이를 더 효과적으로 바꿀 수도 있다. 2~3시간 정도 숙면을 취한 뒤 새로운 기분으로 4시간 일하고, 다시 같은 시간 숙면을 취하고 일하는 것이다. 이렇게 일하면 하루에 수면 시간을 4~6시간으로 줄여 하루에 더 많은 시간을 일에 할애할 수 있다. 하지만 이러한 경우가 모두에게 맞는 것은 아니므로, 자신에게 맞는 방법을 찾는 것이 중요하다는 것을 항상 기억하자.

이부자리의 중요성

요즘은 우리나라 가정에서도 대부분 사용되고 있는 침대는 몸에 압박을 가하지 않기 때문에 이부자리로는 최상의 선택이라고 할 수 있다. 이부자리는 푹신한 것보다는 약간 딱딱한 것이 좋으며, 서양식의 난방보다는 우리나라의 온돌 방식이 숙면에는 더 도움이 된다. 방안 전체를 따뜻하게 해주는 온돌은 우리나라의 기후에 가장 알맞은 보온 방식이기도 하다.

이부자리 중에서도 가장 중요하다고 할 수 있는 베개는 심장의 휴식과 밀접한 관계를 가지고 있다. 그렇기 때문에 베개는 낮고 딱딱한 것이 좋다. 조용하고 정상적인 수면을 취하게 되면 심장은 천천히 움직이게 되는데, 이러한 활동의 저하가 심장의 휴식이 되는 것이다. 심장이 휴식을 하기 위해서는 몸이 수평인 것이 좋은데, 베개가 높은 경우에는 뇌에 혈액을 보내기 위해 심장이 편안하게 쉴 수 없다. 베개를 베지 않는 것도 좋은 방법이지만, 일반적으로 베개 없이 자는 것을 불편하게 생각하는 사람들이 많으므로 가능하면 낮은 베개를 사용하도록 한다.

침대에서 자게 되는 경우, 침대에서 떨어지지 않도록 여유 있는 폭을 가진 매트리스를 사용하는 것이 좋다. 또한 침대를 놓는 위치는 햇빛을 바로 볼 수 없도록 하는 것이 좋다. 이러한 점에 유의하여 숙면을 취하게 되면 피곤이 풀리기 때문에 수면 시간을 늘리지 않아도 일에 대한 집중력을 높일 수 있다. 잘 먹고 잘 자는 것만큼 몸에 좋은 것은 없다.

수면에 가장 중요한 편안한 마음

잠을 잘 자기 위해서 가장 필요한 것은 무엇일까? 편안한 침대, 청결한 이부자리 등을 생각할 수 있지만 그보다 중요한 것은 마음가짐이다. 아무리 편안한 잠자리라 하더라도 걱정거리나 근심이 있으면 좀처럼 잠을 이루기 어렵다는 것은 대부분의 사람들이 경험한 진리이기도 하다. 평소 마음을 짓누르고 있는 불편한 일이 있어 잠을 이루지 못한다면 그 문제를 최대한 빨리 해결하는 것이 좋다. 해결할 수 없는 일도 있겠지만 의외로 간단한 일이 될 수도 있다. 꿈에서까지 나타나 악몽의 근원이 되지 않도록 마음의 근심거리를 해소하자.

도저히 해결이 불가능한 일도 있을 것이다. 이때는 최대한 긍정적으로 상황을 바라보자. 건강이나 경제적인 문제로 힘들 때, 잠을 못 잔다고 해서 달라질 것은 없다. 오히려 잠을 푹 자고 더 열심히 일해야 문제가 풀릴 수 있기 때문이다. 마음가짐을 바꾸어 늘 편안한 잠자리를 만들 수 있도록 노력해 보자.

짧은 수면 시간 만들기

수면 학자들은 사람들이 필요 이상의 수면을 취하고 있다고 말한다. 사람의 체질, 일의 종류, 습관 등에 따라 수면 시간은 달라지므 자신의 수면 시간을 아는 것이 중요하다. 필요 이상의 수면은 일종의 나태이며, 결과적으로 자신의 생활을 단축시키는 셈이 된다.

수면 시간을 조절해 본 사람이라면 자신에게 필요한 최소한의 수면 시간을 알 수 있고, 이를 습관화하면 생활에도 지장이 없음을 경험했을 것이다.

수면 시간을 절약하는 효과적인 방법으로 첫 번째는 현재의 수면 시간에서 한 시간 줄여본 뒤, 10일 이상 시험해 보는 것이다. 처음에는 힘들겠지만 점점 익숙해진다는 것을 알 수 있다. 두 번째는 시계의 알람을 15분 정도 빨리 해놓고 일어나 절약된 시간으로 신문 보기, 어학 공부 등의 효율적인 일에 사용한다. 평상시 아침보다 보람 있는 시간을 보낸다면 하루를 더 가치 있게 보내고 싶다는 의욕으로 가득찰 것이다.

숙면 취하기

1. 충분한 수면 시간

아침이 되면 자연스럽게 눈이 떠지는 것은 충분한 수면을 취했다는 증거이다. 너무 갑자기 잠을 줄이거나 매일 억지로 눈을 떠야 하지 않도록 충분한 수면 시간을 유지하도록 한다. 밤에 휴식을 취하지 못하면 하루 종일 기분이 상쾌하지 못하고 활동력 역시 저하된다.

2. 소중한 수면 후 1~2시간

잠이 든 뒤 최초의 1~2시간 내에 가장 깊은 잠에 빠진다. 이때 근육은 느슨하게 이완되며, 혈압과 피부의 감촉 역시 최저가 된다. 아침 늦게까지 잔다고 하더라도 이때 취하는 수면의 효과에는 미치지 못한다.

3. 숙면을 도와주는 취침 전 목욕

자기 전에 38℃의 목욕물에 티스푼 정도의 겨자를 넣는다. 좋아하는 향의 아로마나 목욕소금을 넣는 것도 좋은 방법이다. 이렇게 20분 정도 물에 들어가 있으면 혈액순환이 정상화되어 마음이 진정된다. 피부에도 과도한 자극을 주지 않고 누르듯이 닦으며, 욕탕에서 나오면 즉시 잠자리에 드는 것이 좋다.

4. 편안한 수면 장소

잠자리에 누우면 모든 근육으로부터 힘을 완전히 뺀다. 손발이나 허리도 완전히 펴고 몸 한 군데라도 불편한 곳이 없도록 자세를 취한다. 몸뿐만 아니라 마음 역시 편안해질 수 있도록 아무런 생각도 하지 않는 것이 좋다. 무언가에 집중하거나 흥분하는 것은 수면에 좋지 않기 때문이다. 잠을 자는 침실은 되도록 어둡고 조용한 곳이 좋으며, 어떤 것에도 방해받지 않도록 한다.

03

효율적인 식사 시간

간편하게 아침 식사하기

아침 식사의 장점은 아무리 강조해도 과하지 않을 정도로 중요하다. 하지만 대부분의 사람들은 아침을 먹을 시간에 잠을 좀 더 자겠다는 마음으로 아침 식사를 거르는 경우가 많다. 좀 더 효율적인 아침 시간을 보낸다는 것은 아침 식사를 할 수 있다는 또 다른 말이기도 하다. 그렇다면 아침 식사를 위해 어떤 방법을 써야 할까?

첫 번째로 부엌을 항상 정리 정돈해 둔다. 이 말은 보기 좋게 정리한다기보다는 손쉽게 식사를 준비할 수 있도록 하라는 의미에 더욱 가깝다. 밥그릇, 국그릇, 수저를 따로 두는 것보다는 가까운 한 곳에 둔다면 보다 쉽게 아침 식사를 준비할 수 있다. 냉장고 역시 같은 방법으로 정리하면 재료를 찾을 때 더 편리하다. 물론 동선을 절약하면서 보기도 좋게 정리해 놓는다면 금상첨화.

두 번째로 일의 순서를 정해 둔다. 음식을 준비할 때 무작정 생각나는 대로 할 것이 아니라, 동선을 고려하여 가장 빨리 할 수 있는 방법을 찾는 것이다. 메모를 해두거나 자기만의 암기방식으로 기억하는 것도 좋다. 처음에는 번거로울 수 있지만, 익숙해지면 자신도 모르게 가장 빠르게 식사를 준비하고 있는 것을 볼 수 있을 것이다.

셋째로 식기를 미리 준비해 두는 것이다. 저녁 설거지가 끝난 뒤, 식기를 미리 준비해 두고 먹을 반찬도 미리 마련해 둔다면 보다 효율적으로 시간을 쓸 수 있다. 아침에 과일이나 빵 등으로 음식을 대신한다면 아침 메뉴를 미리 정해 두는 것도 좋다.

일의 능률을 높여주는 점심시간

직장인들은 늘 점심 메뉴를 고민하지만, 하루 중에서 가장 기다리는 시간은 바로 점심시간이다. 식사를 한다는 것은 기분을 전환하여 능률을 올리는 하나의 방편이기도 하다. 분위기를 바꿔 밖에서 식사를 하는 것은 휴식이나 밥 한 끼의 차원이 아닌, 환경을 바꾸어 일의 능률을 올리는 방법이기 때문이다. 단순히 책상에서 샌드위치를 먹는 직장인이나 혼자 있다고 적당히 한 끼 때우는 주부들은 이러한 능률을 포기하는 것과 같다.

직장인들 대부분은 하루 종일 모니터 앞에서 생활하며, 신선한 공기와 접촉할 기회가 너무 적다. 점심시간을 이용하여 신선한 바깥 공기를 마신다면 일의 능률뿐만 아니라 기분 역시 개선되어 더욱 활기찬 오후 시간을 보낼 수 있을 것이다.

공부 또는 운동을 선택할 수 있는 점심시간

회사 근처에 학원이나 운동을 할 수 있는 곳이 있는 직장인이라면 점심시간을 퇴근 이후 시간처럼 활용할 수 있다. 점심을 간단히 먹고 학원에서 외국어 강의를 듣거나 헬스클럽이나 수영장에서 운동을 하는 방법도 있다. 배우고자 하는 것이 직무와 관련이 있어 회사의 양해를 구할 수 있다면 30분에서 한 시간 정도의 추가 여유 시간도 가질 수 있을 것이다. 자기계발을 중시하는 회사의 경우, 이를 회사에서 지원하는 경우도 있으므로 사내 분위기를 잘 살펴 건의해 보는 것도 좋은 방법이다.

술은 No, 자기계발은 Yes

야근이 많지 않은 직장인이라면 퇴근 후가 자기계발을 위한 가장 소중한 시간이 된다. 하루 동안 받은 스트레스를 풀기 위해 동료나 친구와 술 한 잔을 기울이기보다는 자신의 능력을 계발하기 위해 노력해 보자.

퇴근 후에 할 수 있는 자기계발은 매우 다양하다. 본격적인 공부를 하고자 하는 사람들은 대학교에서 학사 학위나 석사 학위에 도전해 볼 수 있으며, 외국어나 자격증 학원을 다니는 것도 좋다. 노동부에서 지원하는 프로그램을 이용할 경우, 몇 가지 조건을 이수하면 학원비를 50퍼센트 이상 절약할 수 있는 방법도 많으므로 자신에게 알맞은 프로그램을 찾아보도록 한다.

반드시 공부가 아니더라도 취미생활을 가져보는 것도 좋다. 자신이 평소 관심을 가지고 있는 것을 찾아 퇴근 후에 모임을 가지면서 새로운 사람을 만나보는 것도 사회생활의 일환이며 인맥을 쌓는 좋은 방법이기 때문이다.

상 차리는 시간의 절약

집에서 먹는 어머니의 정성이 들어간 밥처럼 맛있고 편한 것은 없다. 아무리 호화롭게 차려진 식탁이라 하더라도 사랑으로 요리를 하는 식사만큼 맛있지는 않기 때문이다. 음식은 어머니처럼 할 수 없다고 하더라도 식탁을 차릴 때 다음과 같은 몇 가지 사항을 염두에 둔다면, 준비하고 치우는 시간은 절약하면서 좀 더 편하게 일을 마칠 수 있다. 그리고 절약된 시간은 두 배로 불어나 즐거운 식사 시간이 될 수 있다.

식탁에 상을 차릴 때는 가장 많이 사용하는 그릇은 식당이나 부엌의 낮은 선반 위에 넣어두는 것이 좋다. 자주 쓰기 때문에 꺼내고 정리할 때 시간이 적게 들기 때문이다. 또한 무거운 물건을 나를 때 편리할 수 있도록 주방 가까운 곳에 이동 테이블이나 키친 왜건을 사용하면 일을 더욱 즐겁고 빠르게 할 수 있다.

설거지 시간 절약하기

설거지하는 시간을 절약하기 위해 일회용품을 사용하는 것은 매우 좋지 않다. 몸은 좀 편할 수 있지만 환경 호르몬으로 인해 건강에도 좋지 않고, 환경에는 악영향을 미치기 때문이다. 그렇다면 어떻게 해야 귀찮고 하기 싫은 설거지를 좀 더 효율적으로 할 수 있을까.

주방에서 떨어진 곳에서 식사했을 경우, 키친 왜건이나 쟁반을 사용하여 치워야 할 것들을 한 번에 운반한다. 빈 그릇들은 물에 잠시 담갔다가 설거지하면 좀 더 쉽게 처리할 수 있다. 작은 용기에 세제를 풀어 그릇을 씻고 다른 곳에서 헹구면 한결 설거지가 쉬워진다.

컵 종류나 식기류는 두 손으로 다루도록 하는 것이 좋으며, 5개 정도를 한꺼번에 닦는 것이 좋다. 일반적으로 사용하는 수세미 대신 스펀지 등을 이용하면 접시 등이 상하지 않고 깨끗하게 닦을 수 있다.

올바른 식습관으로 건강 관리하기

식습관은 건강과 밀접한 관계가 있다. 가능하면 가공이 덜 된 자연식에 가까운 것이 좋으며, 현미와 잡곡 등 복합 당질을 반드시 섭취해야 한다. 채소와 과일을 많이 먹고 칼륨을 풍부하게 섭취해야 한다는 것은 모두 알고 있지만 잘 지키기는 어렵다. 장을 보러 갈 때 이러한 영양소가 들어 있는 상품을 꼼꼼히 체크하여 균형 있는 식사를 하도록 하자. 건강한 몸을 위해서도, 체중 조절을 위해서도 올바른 식습관은 반드시 지켜야 하는 필수 조건이다.

아침 식사 메뉴 정하기

오전은 집중력을 높이기에 매우 좋은 시간이다. 일뿐만 아니라 회의 시간 역시 오전에 하는 경우, 더 강한 집중력을 발휘하기도 한다. 그러기 위해서 가장 필요한 것은 아침 식사이다. 아침 식사를 한 뒤 2시간 이후가 뇌의 활동량이 가장 많은 시간이기 때문에 공부하는 학생에게도 회사에 다니는 직장인에게도 아침 식사는 필수이다. 귀찮다거나 혹은 잠을 더 자고 싶다는 생각에 아침 식사를 거르지 않도록 주의하자.

1. 밥과 국

따로 식사를 준비해 줄 사람이 없다면 아침에 밥과 국을 챙겨먹는 것은 쉽지 않다. 하지만 미리 준비만 해둔다면 아침 식사로 밥과 국을 먹는 것이 그리 어려운 일만은 아니다. 밥은 전날 해두는 것이 좋으며, 국 역시 하루 전에 끓인 것을 데워서 먹는 것도 좋다. 특별히 국이 필요하지 않다면 김

치나 마른반찬 등 반찬 한두 가지로 아침 식사를 할 수도 있다. 중요한 것은 무엇을 먹었느냐가 아니라 아침 식사를 했는가 혹은 하지 않았는가이다.

2. 과일과 샐러드

아침 식사로 꼭 밥과 국을 먹어야 하는 것은 아니다. 가볍고 상쾌한 기분을 가져다줄 수 있는 과일과 샐러드로 간단히 아침을 해결한다면 공복을 방지할 수 있을 뿐만 아니라 포만감을 주지 않기 때문에 오히려 더 효과적일 수 있다. 일주일에 한 번 장을 보면서 과일이나 야채를 준비해 두고 한 번에 하루치씩 씻어서 보관해 둔다면 시간은 최소한으로 하면서 훌륭한 아침 식사를 할 수 있다.

3. 빵과 커피

서양 사람들이 주로 먹는 아침 식사인 빵은 우리 생활에서도 간식 이상의 영향력을 발휘하고 있다. 퇴근길에 베이커리에 들러서 빵을 사오는 것도 좋고, 출근 준비를 하면서 토스트를 해서 먹는 것도 시간 절약에 도움이 된다. 빵과 함께 마실 음료로 커피를 좋아하지 않는다면 우유나 과일 주스 등을 함께하는 것도 좋다.

04

출근 준비 시간을 아껴라

화장실에서 시간 아끼기

일찍 일어나는 것만큼 중요한 것이 아침 시간을 효율적으로 활용하는 것이다. 아침 시간 중 가장 시간을 단축시킬 수 있는 것이 바로 화장실에서의 시간이다. 특히 늘 사용하는 세면도구는 손이 닿는 곳에, 자주 사용하지 않는 것은 선반이나 정리장에 두는 것이 좋다. 화장실처럼 자주 사용하는 곳일수록 정리는 필수이다. 정리는 귀찮을 수도 있지만 정리하는 습관은 시간을 아껴준다. 또한 가족들이 함께 화장실을 사용하는 경우, 각자 사용하는 물건을 약속된 장소에만 둔다면 개인 공간이 생겨 좀 더 효율적으로 화장실 공간을 이용할 수 있을 것이다.

몸단장 순서 바꾸기

회사에서 정장만을 입거나 제복이 있다면 괜찮지만, 자유 복장인 경우 옷을 고르고 입는 일은 아침 일과 중 시간이 가장 많이 걸리는 일 중 하나이다.

그렇다면 몸단장을 하는 시간을 절약할 수는 없을까? 첫 번째 비결은 다음날 입을 옷을 전날 밤에 정해 두는 것이다. 옷을 정할 때는 먼저 겉옷을 고르고 그 옷에 어울리는 셔츠와 넥타이, 양말과 구두를 선택해 둔다. 이와 함께 일기예보까지 확인한다면 날씨에 맞추어 옷을 입을 수 있을 뿐만 아니라 놀랄 만큼 집을 나서는 시간이 빨라짐을 확인할 수 있을 것이다.

두 번째는 필요한 것은 모두 손쉽게 손이 닿을 수 있는 정해진 곳에 두는 것이다.

미리 준비해 두는 습관은 아침 시간뿐만 아니라 평소에도 큰 도움이 된다. 차분하게 준비를 할 수 있는 저녁 시간과 정신없이 바쁘게 물건을 찾아 헤매는 아침 시간. 어떤 선택이 효율적인지는 분명한 일이다.

센스 있는 여성의 패션 전략

여성들에게 있어 센스 있게 옷을 입는 것은 매우 중요하다. 하지만 여성의 사회생활이 늘어나고 밖에서 활동하는 시간이 늘어날수록 단순히 보이는 것만이 아닌, 실용성은 매우 중요해졌다. 사치스런 옷보다는 자리에 어울리는 패션 센스가 중요하다. 특히 여성들이 옷을 선택할 때는 다음과 같은 것에 주의하는 것이 좋다.

첫째로 두세 가지로 활용할 수 있는 옷을 선택한다.

둘째로 튼튼한 옷감을 고른다. 자주 입고 빨아도 잘 해지지 않으며, 다림질할 시간을 줄여주기도 한다.

셋째로 장소에 맞는 옷을 선택한다. 정장을 입을 때와 트레이닝복을 입었을 때는 몸가짐뿐만 아니라 말투까지 달라지는 것을 느낄 수 있다. 이처럼 입는 것만으로 필요한 분위기를 만들 수 있는 옷을 선택하도록 한다.

또한 세탁에도 많은 시간을 소비하게 되므로 드라이클리닝이나 다림질이 필요 없는 소재를 선택한다면 세탁에 들이는 시간과 비용을 줄일 수 있다.

출근하기 싫을 때는 멋을 내라

일주일에 5일을 같은 시간에 일어나 같은 준비를 하고 출근하는 것이 지겨울 때가 있다. 과연 내가 무엇을 하면서 사는 것일까 하는 회의가 들 때는 한껏 멋을 내본다. 깔끔하게 샤워를 하고 평소 좋아하는 옷을 꺼내 입는다. 남자라면 좋아하는 향수를 뿌려보고, 여자라면 평소보다 공을 들여 화장을 해보자. 그리고 전신거울에 자신을 비춰보고 스스로의 매력을 찾아본다면 평소보다 더 활기찬 아침이 될 수 있을 것이다. 출근길 역시 좀 더 자신감 있게 걸음을 내딛을 수 있을 것이다. 몸이 청결하고 옷차림이 깔끔해지면 외모에 따라 마음가짐 역시 변한다는 사실을 기억하자.

옷장 정리

출근 시간에 가장 많은 시간을 필요로 하는 옷을 고를 때, 평소에 옷장 정리를 잘 해두면 그날 입을 옷을 고르기 쉬울 뿐만 아니라 시간도 절약된다. 조금만 성의를 가지고 옷장 정리를 해두면 어울리는 옷을 고를 때, 찾고자 하는 옷을 매우 편리하게 이용할 수 있다.

1. 옷

옷은 언제나 옷걸이에 걸어두며, 옷 모양에 맞는 옷걸이에 걸어두는 것이 좋다. 이렇게 하는 경우, 모양이 유지되기 때문에 매번 다림질을 하지 않아도 된다. 단추는 풀어놓는 것이 좋으며, 때가 묻어 있으면 물수건이나 솔로 가볍게 닦아내도록 한다.

2. 넥타이

쉽게 선택할 수 있도록 진한 색에서 밝은 색 순으로 넥타이 전용걸이에 정리해 둔다. 넥타이를 풀 때 거칠게 잡아당겨 풀게 되면 정리하는 시간이 더 걸리게 되므로 주의한다.

3. 세탁하기

가능하면 가정에서 세탁하는 것이 좋으며, 꼭 필요한 경우에만 세탁소에 맡기는 것이 좋다. 세탁을 자주 하게 되면 옷감이 손상될 뿐만 아니라, 필요한 경우 원하는 옷이 세탁중인 상태에 있을 수도 있다.

4. 모자

모자는 늘 평평한 곳에 두는 것이 좋으며, 겹쳐 두거나 모자걸이에 계속 걸어두는 것은 좋지 않다. 모자가 물에 젖었을 때는 주름을 펴고 주위의 테두리를 위로 향하게 둔다. 안쪽에는 셀로판테이프를 감아두어 모자 띠의 때를 방지하는 것도 좋은 방법이다.

05

출퇴근 시간 알차게 보내기

러시아워를 피하는 출퇴근 시간

회사를 다니는 사람이라면 누구나 출퇴근으로 힘든 시간을 보낼 것이다. 이 시간을 좀 더 알차게 보낼 수 있는 가장 좋은 방법은 회사 근처에 사는 것이다. 서울 같은 대도시에서는 출퇴근 시간이 각각 한 시간 이상씩 걸리는 경우도 많으며, 이로 인해 상쾌해야 할 아침이 오히려 더 피곤해지기도 한다. 하지만 이러한 것이 불가능하다면 가급적 지하철이나 버스 노선을 고려하여 주거지를 정하는 것이 좋다. 집을 구할 때는 시일을 두고 자신에게 꼭 맞는 주거 지역을 찾아야만 자주 이사 다니는 번거로움을 피할 수 있다.

어쩔 수 없이 회사에서 멀리 떨어진 곳에 살아야만 한다면 조금 더 일찍 일어나 러시아워가 되기 전에 출근하는 것도 한 방법이다. 자가용을 이용하는 경우 교통혼잡을 생각하여 일찍 출근하는 마음가짐을 가져보는 것도 좋다. 퇴근 시간 역시 러시아워이므로, 이 시간을 피하기 위해서 회사 근처에 있는 학원을 다닌다거나 운동을 하는 것도 바람직하다. 조금 일찍 자고 조금 일찍 일어난다면 다름 아닌 자신의 삶이 윤택해진다는 것을 알 수 있을 것이다.

출퇴근 시간 활용하기

출퇴근 시간에 대부분의 사람들은 멍하게 있거나 눈을 감고 자곤 한다. 이때 신문을 보거나 미리 내려받은 영화 등을 보는 것도 좋다. 그러나 가능하면 그보다 생산적인 일을 하는 것은 어떨까? 학생이라면 간단한 암기장을 이용해 단어를 외운다거나 직장인인 경우에는 하루의 스케줄을 찬찬히 점검해 보는 것도 좋다.

열의가 떨어지기 쉬운 퇴근 시간에도 역시 할 수 있는 일을 챙겨둔다. 아침에 보지 못한 신문을 보는 것도 좋으며, 갖고 다니는 책을 마저 읽는 것도 좋다. 동료와 함께하는 퇴근길이라면 서로의 취미생활에 대한 이야기를 나누면서 다른 사람으로부터 자극받는 것도 좋을 것이다. 특별한 약속이 없다고 해서 술자리를 만들어보려고 노력하거나 저녁 약속을 정하는 것은 좋지 않다. 자신만의 스케줄을 만들고 따르는 것은 업무뿐 아니라 사생활에서도 매우 중요하다.

교통 수단은 나의 강의실

대중교통을 이용하여 출근하는 사람들에게는 버스나 지하철이 강의실이 될 수 있다. 자리에 앉게 된다면 노트북 등에 미리 준비해 둔 동영상 강의를 활용할 수 있으며, MP3나 PMP 등을 이용하여 학습할 수도 있다. 너무 붐비는 경우에는 쉽지 않으므로 가능하면 출근 시간을 좀 더 이르게 조정하는 것이 좋다. 러시아워를 피해 출근하게 되면 쾌적한 환경에서 공부에 더 몰입할 수 있으므로 일석이조의 효과를 누릴 수 있는 것이다.

어느 정도의 의지력만으로는 이러한 방법을 꾸준히 유지하기 어렵다. 대중교통에서 보내는 시간이 좀 더 알찰 수 있도록 자신에게 보상효과를 주도록 해보자. 월요일부터 수요일까지 열심히 공부했다면 목요일과 금요일은 독서 시간이 될 수 있으며, 음악을 듣거나 휴식을 취하는 시간도 주는 것이다. 열의를 갖는 것만큼 중요한 것은 열의를 유지시키는 것임을 잊지 말자.

출퇴근 시간을 운동 시간으로

몇 해 전부터 일명 '자출족' 이라고 하는, 자전거로 출퇴근하는 사람들이 크게 늘어나고 있다. 집에서 회사까지 거리가 가깝거나 자전거 도로가 잘 되어 있다면 자전거로 출퇴근하는 것은 충분히 도전해 볼 만하다. 회사까지의 거리가 너무 멀거나 도로만 있는 경우라 하더라도 가까운 지하철역이나 버스 정류장까지는 자전거로 다니는 습관을 가져보자. 걸어 다닐 때는 몰랐던 오르막길과 내리막길을 경험할 수 있으며, 적지만 운동하는 습관을 가질 수도 있다. 운동은 반드시 정해진 곳에서 해야 한다는 편견을 버리고, 평소 생활습관에서 운동하는 시간을 가질 수 있다면 시간을 더욱 알차게 보낼 수 있을 것이다.

만약 회사에서 가까운 곳에 자전거 도로가 있다면, 자전거나 인라인스케이트 등을 회사에 구비해 두고 퇴근 후 운동을 하다 귀가하는 것도 좋은 방법이다.

출퇴근 시간에 할 수 있는 일

1. 독서

출근 시간에 하기 좋은 가장 쉬운 일이다. 버스를 타는 경우에는 차가 흔들리기 때문에 쉽지 않을 수 있지만, 지하철을 이용하여 출퇴근을 하는 경우에는 가장 좋은 시간 활용 방법이다. 하루에 30분 정도만 책을 읽는다고 하더라도 일주일에 한 권, 한 달이면 다섯 권 정도의 책을 읽을 수 있다. 일 년이면 60권이라는 책을 읽을 수 있으므로, 책을 읽고 싶다는 마음이 있었다면 도전해 보자.

2. 어학 공부

요즈음 가장 중시되는 능력인 어학 실력은 하루아침에 이루어지지 않는다. 단기간에 승부를 보려고 하지 말고 출퇴근 시간을 이용해 짬짬이 어학 실력을 쌓는 것은 좋은 방법이다. 하루에 단어 10개 외우기 또는 문장 5개 외우기 등 작은 목표로 시작하여 점차 실력을 키워나간다면 그 어떤 학원도 부럽지 않을 것이다.

3. 영화 보기

평소 문화생활을 즐기고 싶었지만 보기 힘들었다면 전자기기를 이용하여 영화 등의 문화생활을 즐기는 것도 좋다. DVD로 출시되거나 다운로드를 받으면, 휴대용 기기로 옮겨서 볼 수 있으며, 지루하지 않은 출퇴근 시간을 보낼 수 있다.

4. 운동

짧은 거리는 가능한 한 걸어 다니고, 좀 먼 거리라 할지라도 자전거를 이용하여 출퇴근을 한다면 사람들에게 시달리지 않아서 더욱 상쾌한 하루를 보낼 수 있을 뿐만 아니라 운동도 겸할 수 있어 일석이조의 효과를 볼 수 있다.

최상의 컨디션 유지하기

우리는 1톤의 쇳덩어리를 운반하는 방법을 연구하는 데는 막대한 정신적 에너지를 사용한다. 그러나 우리 자신의 능률을 높이는 일에 대해서는 시간이나 머리를 쓰려고 하지 않는다. 하지만 걱정할 것은 없다. 일단 그 요령을 터득하기만 하면 그것을 보다 신속하게, 보다 능숙하게 할 수 있는 방법을 스스로 발견하게 될 것이다.

— 도널드 A. 레어드(작가)

06

계획하는 1시간이 일하는 10시간을 좌우한다

계획을 세울 때 주의할 점

체계적으로 일하기 위해서 가장 중요한 것은 계획이다. 간혹 계획을 세우는 시간에 차라리 일하는 게 낫다고 말하는 사람들도 있지만, 계획을 세우는데 소비되는 시간은 그 3~4배의 시간을 절약해 주는 역할을 한다. 계획을 세울 때도 좀 더 합리적으로 세워야 한다. 일을 하기 위한 계획을 세웠다면, 먼저 그 일을 할 때 발생될 문제를 적어본다. 그래야만 일을 좀 더 꼼꼼하게 할 수 있는 동기 부여가 된다. 또한 계획을 세우고 일을 할 때, 객관적인 태도로 자신의 행동을 바라보며 연구할 수 있다. 일의 순서와 일에 대해 정통성을 판단하는 것 역시 필요하다.

월간 계획표 세우기

자동차로 유명한 포드 사의 헨리 포드 2세는 '최소 1개월 앞의 일을 계획하여 지금까지 한 일과 하려고 생각하고 있는 일을 비교해 본다면 1개월마다 뚜렷한 진보의 자취를 볼 수 있다.' 라고 말한다. 그는 앞으로 1개월 동안의 일을 3통의 편지지 크기로 접을 수 있는 달력에 적어둔다. 하나는 매주를 위해, 또 하나는 매일을 위해, 나머지 하나는 한 달을 위한 것이다. 이렇게 계획을 작성하면서 계획이 지나치게 앞서거나 불명확하지 않도록 주의하고 있다.

사람들이 많이 쓰고 있는 프랭클린 다이어리는 한 달을 시작할 때 이 달에 반드시 해야 할 일을 적도록 되어 있다. 꼭 목표로 하지 않더라도 이번 달에 이루고 싶은 일을 생각해 본다면 그것은 계획이 되는 것이다. 이번 주, 이번 달의 계획에 치중하지 말고 다음 달, 내년에 해당하는 계획도 좀 더 구체적으로 세워보자.

매일 계획표와 주간 계획표

계획표를 세울 때는 주간 계획표를 세우고 매일 계획표를 세우는 것이 좋다. 큰 계획 안에 작은 계획들이 들어가야 하기 때문이다. 먼저 1주일간의 계획표를 작성하고, 그 안에서 다시 매일 계획표를 세우는 것이 좋다.

매일 계획표를 세울 때는 시간 단위를 어떻게 할 것인가가 매우 중요하다. 너무 폭넓은 시간은 오히려 계획에 차질을 줄 수 있고, 너무 세밀한 계획은 계획을 점검하느라 일에 집중할 시간을 놓칠 수도 있다. 짧게는 10분 단위에서 길게는 한 시간 단위까지 자신에게 알맞은 매일 계획표를 세울 수 있도록 몇 번의 시행착오는 두려워하지 말고 계획을 세워보도록 한다.

일부 사람들의 경우 체계적인 생활을 위한 계획이 아니라 계획을 위한 계획을 세움으로써 힘들어하는 경우가 있다. 그러므로 오류에 빠지지 않도록 주의하는 것 역시 계획을 세울 때 조심해야 할 부분이다.

하루가 끝날 때 다음 계획을 준비하라

하루를 시작할 때 계획을 세우는 것도 좋지만, 하루를 마칠 때 세우는 계획도 매우 유용하다. 하루를 무사히 마쳤다는 안도감을 느끼면서 일을 마치고 다음날 계획까지 세워놓는다면, 그 뒤의 여가도 좀 더 여유 있게 즐길 수 있기 때문이다. 또한 내일 할 일을 모두 계획으로 세워 메모해 두었기 때문에 문제가 생길 가능성도 훨씬 줄어들게 된다.

잠자리에 들기 전에 다음날 입을 옷을 준비해 두는 것처럼, 다음날 계획을 전날 미리 세워두는 것은 계획을 세우는 시간과 노력을 줄여준다. 또한 그날의 일을 반성하는 시간도 가질 수 있으므로 두 가지 효과를 얻을 수 있다. 일기를 쓴다면 더욱 좋겠지만, 세웠던 계획에 체크 표시를 하는 것만으로도 충분하다. 모든 일과를 마친 후의 잠자리는 더욱 편안하고 여유로울 것이다.

우선순위의 중요성

자신이 해야 할 일 중 어떤 일을 제일 먼저 해야 하는지 결정하는 것은 매우 중요한 일이며, 계획의 가장 큰 목적이다. 꼭 해야 하는 순서에 따라 일을 적어나가고 중요도가 덜한 일들을 나중으로 미루는 것이 좋다.

일을 잘하는 사람들은 제일 먼저 해야 할 일부터 착수하기 위해 노력한다. 대부분의 사람들은 어떤 일이 중요한지 알고 있지만, 그것을 어떻게 해야 하는지에 대해서는 깊게 생각하지 않는다. 일을 시작하기 전에 우선순위를 작성한다면, 중요한 일과 덜 중요한 일을 구별할 수 있게 된다. 이렇게 하면 일을 순서대로 배열할 수 있고, 중요한 일부터 할 수 있게 된다.

이와 함께 중요한 일을 가장 먼저 하는 습관을 들이는 것이 중요하다. 쉽게 처리할 수 있는 간단한 일을 먼저 처리하여 중요한 일을 할 때는 남아 있는 에너지가 부족한 경우를 종종 볼 수 있다. 성과를 얻지 못하는 일과 싸우느라 귀중한 시간과 노력을 헛되이 소비하지 않는 것이 좋다. 또한 눈앞에 있는 일이라고 해서 급하다는 편견은 갖지 않도록 한다. 가까운 시일 내에 해결을 요하는 일이라 하더라도 반드시 중요한 일은 아닐 수 있다. 일 전체를 꿰뚫어보고, 그것의 당위성을 판단한 후에 실제로 일을 진행시키는 습관은 시간 절약으로 가는 지름길이 된다.

시간 트릭, 10분 빠른 시계

시간에 대해 민감한 사람들은 집에 있는 시계나 자신의 손목시계를 10분 빨리 해놓곤 한다. 많은 사람들이 핸드폰 시계를 가지고 있어 정확한 시간을 알고 있지만, 주로 시계를 보는 사람들은 아직도 사용하는 시간 트릭이기도 하다.

스스로 시계가 빠르다는 것을 알면서도 매우 유용하게 쓰이는 방법으로, 상습적으로 약속에 지각하는 사람들에게는 적지 않은 도움이 되기도 한다. 자신에게도 일을 정해진 시간 내에 마침으로써 시간 약속을 잘 지키는 사람이라는 인상을 줄 수 있으므로 자신이 사용하는 시계를 5~10분 정도 차이가 나도록 맞추는 것도 좋은 방법이 될 수 있다.

효과적인 계획 활용

계획을 세운 것만큼 실행하는 것도 중요하다. 계획을 세우는 것에 그치지 않고 그 계획을 어떻게 실행할 것인지를 함께 메모해 둔다면 시간 절약에 더 큰 도움이 될 것이다. 이를 위해서는 첫째로 해야 할 일이 무엇인지 명확하게 정하고, 그것을 실행하기 위한 일의 순서를 정해 두어야 한다.

일의 중심이 되는 사람은 사색가이자 계획자이며 관리자가 되어야 한다. 일정 직위 이상의 위치를 가지고 있는 경우에는 보다 덜 중요한 일을 다른 사람에게 시킬 줄도 알아야 하며, 그 사람이 흥미 있게 일할 수 있도록 도울 수 있어야 한다. 효과적인 계획 운용가가 될 수 있도록, 내일이 아닌 지금 당장부터 실행해 보도록 하자.

급할 때 힘이 되는 집중 계획표

일을 처리할 때는 계획이나 순서에 맞추어 차근차근 해나가는 것이 중요하지만, 시급을 다투는 일이 있거나 간혹 쏟아지는 업무로 인해 계획을 변경해야 하는 경우가 있다. 이때는 자신이 집중할 수 있는 시간대에 몰입하여 일을 처리한다면 빠른 시간 내에 원하는 목적을 충분히 달성할 수 있을 것이다. 예컨대 오전 시간에 집중이 잘 된다면 오전에, 오전보다는 오후에 집중이 잘 되거나 저녁 시간에 일을 해야 하는 경우에는 점심을 천천히 배불리 먹고 다른 사람들이 퇴근한 시간에 일을 하게 되면 집중력에도 큰 도움이 되며, 중간에 일의 흐름이 끊어지지 않아 매우 효과적이다.

물론 매일 이렇게 일한다면 건강과 업무 효율면에서 모두 문제가 생길 수 있다. 그러나 가끔씩 자신의 체력과 시간이 허락하는 한에서 집중 계획표를 세워 일한다면 많은 일을 한 번에 처리하는 만족감을 얻을 수 있을 것이다.

예비 시간이 있는 계획표

계획을 세울 때 중요한 것은 얼마나 꼼꼼한가가 아니다. 스케줄이란 자신이 중심이 되어 만든 것이기 때문에 항상 의외의 변수가 생길 수 있고 그때그때 변경이 필요하다. 그러나 사람들은 일단 계획을 짜면 그 계획에 자신을 맞추려는 경향이 있다. 이를 방지하기 위해서는 계획에 여유를 두어야 한다. 반드시 해야 하는 일들을 피치 못할 사정으로 처리하지 못했을 경우, 그 일을 할 수 있는 예비 시간을 두는 것이다.

또한 계획을 세울 때는 한 시간에 할 수 있는 분량보다는 1.5배 정도의 일을 안배하는 것이 좋다. 집중이 잘되거나 목표가 확실하기 때문에 더 높은 성과를 올릴 수 있기 때문이다. 그러나 너무 많은 양을 안배해 놓는다면 오히려 계획이 밀려서 다른 일에까지 지장을 줄 수 있으므로, 일을 계획하기에 앞서 자신의 역량을 파악하는 것도 중요하다.

2050년이 있는 달력 사용하기

40년 뒤에 나는 무엇을 하고 있을까? 장년으로서 한창 사회생활을 할 수도 있으며, 노년을 즐기고 있을 수도 있다. 하지만 나이가 중요한 것이 아니라 40년 동안 내가 무엇을 할 수 있는가를 생각해 보는 것이 중요하다. 2050년까지 기록되어 있는 달력을 보면서 10년을 주기로 이루고 싶은 목표를 계획해 보는 것도 삶에 열정을 더해 줄 수 있는 좋은 방법이다. 미래는 계속되며, 하고 싶은 일과 할 수 있는 일이 많다는 것은 생각만 해도 즐겁다.

큰 틀을 짜놓고 인생 계획을 해본다면 복권 당첨 같은 불필요한 공상보다 생산적이다. 결혼을 준비하고 있는 사람이라면 이를 기준으로 하는 것도 좋으며, 아이가 있다면 아이의 나이를 기준으로 삶을 구성해 보는 것도 좋을 것이다. 매년 여행을 가고 싶다고 목표를 정했다면 해마다 여행지를 정해 보는 것도 좋다. 기분을 좋게 할 수 있는 나만의 2050년을 만들어보자.

계획대로 되지 않으면 처음으로 돌아가라

아무리 꼼꼼하게 계획을 세워도 예상한 대로 일이 진행되지 않을 때가 있다. 이럴 때는 과감하게 처음부터 다시 시작해 보는 것이 좋다. 말로 하는 것은 간단하지만, 실행하기 위해서는 매우 큰 결단력이 필요하다. 앞에서 말한 예비 시간을 두는 것도 좋고, 잠시 미루어두고 다른 일을 하는 것도 좋다. 그렇게 시간이 지나고 보면 이미 불필요한 일이 되었거나 어느새 해결이 된 경우도 종종 볼 수 있다. 무조건 처음 계획대로 밀고 나가는 것은 오히려 전과 후가 뒤바뀐 것이다. 계획은 실행을 위한 것일 뿐 계획 자체를 위한 것이 아니다.

시간을 분석하고 또 분석하라

일의 순서를 잘 정리한다면 자유로운 시간을 얻을 수 있다. 이때도 역시 계획이 필요하며, 시간을 잘 분석하여 업무에 적용할수록 더 큰 업무 능률과 여가 시간을 갖게 될 것이다.

1. 작업분석표 만들기 - 시간 사용법을 적어라

업무를 하는 평일을 중심으로 일주일 동안 일을 시작하는 순간부터 집에 돌아가는 시간까지 모두 기록한다. 시간과 일을 정확하게 적고, 작은 일이라도 빠뜨리지 않고 소요 시간을 체크해 본다.

2. 시간사용법 분석하기 - 일을 색깔별로 구분하라

작업분석표를 만든 뒤에는 시간사용법을 분석한다. 자기만의 색깔을 정해서 상사와 연관된 업무, 부하와 연관된 업무, 그 밖의 모든 업무 등으로 나누고, 여기에 속하지 않는 일들은 새로운 색을 써서 나누도록 한다.

3. 실제 업무계획표 만들기 - 시간 분배 재검토하기

자신의 활동을 분석했다면 시간을 재분배하는 노력이 필요하다. 시간사용법을 분석한 색깔을 같은 것끼리 모으고 그에 속하지 않은 특별항목은 따로 분류해서 동일 계통의 일은 한 번에 모아서 처리하도록 한다.

4. 활동 평가하기

작업에 할당되어 있는 시간의 배분이 잘 되어 있는지 측정해 보며, 지나치게 많이 소요되는 일은 다시 한 번 검토해본다. 실제로 업무 계획표를 만든 뒤에도 다시 한 번 평가를 해보는 시간을 가지면서 필요할 때마다 계획표를 수정하도록 한다.

07

항상 최적의 상태로 일하는 방법

아침 시간 30분의 여유 찾기

대부분의 직장인들은 최대한 늦게까지 자고 급하게 준비한 뒤 출근하는 경우가 많다. 하지만 이렇게 보내는 아침은 상쾌한 기분은커녕 무겁고 끌려가는 기분만 준다. 상쾌한 아침을 만들기 위해 적극적으로 노력해 본다면 새로운 아침을 맞이할 수 있을 것이다.

굳이 한두 시간 일찍 일어나서 학원을 다니거나 공부를 하는 등의 큰 계획이 아니더라도 아침을 여유 있게 보내는 것은 가능하다. 30분만 일찍 일어나도 집 앞에 있는 공원을 산책하거나 가벼운 스트레칭을 할 시간은 충분하다. 또는 아침 뉴스를 꼼꼼히 보거나 가족들과 함께 여유 있는 아침 식사를 할 수도 있다.

아침 10분으로 즐기는 취미생활

취미생활을 할 시간이 없는 사람이라면 아침 시간을 활용하는 것도 좋다. 반드시 간단한 운동이나 공부를 말하는 것은 아니다. 새나 열대어를 기른다거나 베란다에 작은 정원을 만들어 물을 주면서 살피는 것만으로도 취미생활의 재미를 느낄 수 있다. 또한 클래식 음악을 감상할 수도 있으며, 평소 읽고 싶었던 책을 10분 정도만 읽어도 한 달에 2~3권의 책은 읽을 수 있을 것이다.

이렇게 아침 시간을 활용하는 것이 불가능하다고 말하는 사람도 있을 것이다. 하지만 그런 대답을 하는 사람은 실제로 행동에 옮겨본 적이 없는 경우가 대부분이다. 직접 실행해 본다면 책 속에서나 볼 수 있는 것이 아님을 알 수 있을 것이다.

아침 10분으로 즐기는 취미생활은 당신의 시야를 넓히는데 도움이 될 것이며, 생활하면서 일어나는 여러 가지 문제에 대해 좀 더 추진력과 자신감을 길러줄 수 있을 것이다.

자신감 키우는 법 3가지

1. 장점은 키우되 단점은 떼어 제거한다.

사람은 누구나 장점을 가지고 있으며, 단점 역시 가지고 있다. 장점을 명확히 파악하고 그것을 키울 수 있도록 노력하는 한편, 단점은 좀 더 보완할 수 있도록 여러 가지 방법을 찾아보자. 장점도 단점도 정확히 파악하기만 한다면 그 이후 해야 할 일은 비교적 명확해진다.

2. 내가 하는 일에 대한 지식과 기술을 증가시켜라.

많은 사람들이 자신이 하는 일에 대해 자신감을 갖지 못하는 경우가 있다. 그러나 아무리 작은 일이라고 하더라도 나만이 더 잘할 수 있는 일은 분명히 있다. 혹시 아무리 생각해도 그 누구보다 내가 더 잘할 수 있는 일이 없다면 지금부터 만들어보자. 회사의 업무를 진행할 때, 개인적으로 사람들을 대할 때 나만이 할 수 있는 일을 찾아 그 능력을 더 욱 계발시키자.

3. 늘 긍정적이도록 노력하라.

《긍정의 힘》이라는 책이 있을 정도로 긍정적으로 사물을 보는 것은 매우 중요하다. 긍정적으로 사물을 본다는 것은 자신이 원하는 방향대로 일이 진행될 것임을 믿는 것이다. 어떤 일에나 긍정의 힘을 발휘해 보자.

선택이 아닌 필수, 오전 휴식

회사에 출근한 후에 일을 하는 것만이 전부는 아니다. 짬짬이 취하는 휴식은 일의 능률을 올려줄 뿐만 아니라 기분 전환까지 가져오기 때문에 선택이 아닌 필수이다.

미국 34대 대통령인 아이젠하워는 백악관에서 일하는 직원들에게 휴식 시간을 주기 위해 서류 보고 시간을 30분 늦추기도 했다. 휴식을 중시하는 경영자가 있는 회사에서는 매일 30분씩 휴식 시간을 따로 지정하여 다 같이 쉬는 시간을 갖는 것도 볼 수 있다.

회사에서 단체로 휴식을 하지 않는 경우라도 점심시간 등을 이용해 휴식 시간을 가져본다. 다른 사람들보다 조금 일찍 출근하여 그 시간을 이용해 보는 것도 좋다. 여러 가지 방해로부터 멀어져 사물을 객관적으로 생각할 수 있으며, 앞으로의 일에 대한 여러 가지 아이디어가 떠오르는 소중한 시간이 될 것이다.

오전 중의 커피 타임

우리나라에서도 에스프레소 커피가 대중화되면서 많은 사람들이 출근과 동시에 커피를 마시는 모습을 많이 볼 수 있다. 한 잔의 커피는 기분을 전환시켜주며, 창조적인 일을 할 때 더 큰 도움이 되기도 한다.

커피를 마시는 습관은 제2차 세계대전 이후에 시작되었는데, 많은 회사들이 오전 중에 10~15분간의 커피 타임이 능률을 높인다는 것을 인정했다. 커피로 인해 피로가 감소하여 사고 발생률이 낮아졌고 결근이나 이직률도 낮아졌기 때문이다. 이러한 이유로 커피를 파는 가게나 자동판매기를 설치하는 회사들이 늘어나기도 했다.

많은 과학자들도 커피를 적절한 자극제라고 말한다. 커피 한 잔에는 보통 2~5그램의 카페인이 들어 있어 근육의 움직임을 빠르게 하고 정신과 육체의 조정을 기민하게 하기 때문에 작업상의 재해를 줄이는데도 도움이 되는 것이다. 커피는 알코올과 달리 판단력이나 자제력에 영향을 미치지 않기 때문에 더욱 유용하다.

담배는 능률 향상에 도움이 된다

우리나라뿐만 아니라 전 세계적으로 담배는 점점 기피되고 있는 기호식품이지만, 애연가는 담배를 피움으로써 마음이 편해지고 기분을 새롭게 하는데 도움이 된다고 말한다. 요즘은 건물 내 흡연이 금지되고 있기 때문에 밖으로 나가서 흡연을 하는 것 자체만으로도 기분전환에 큰 도움이 된다.

애연가들에게 있어 흡연은 생활의 일부분이며, 쾌락을 주는 것 이상의 역할과 의미를 가지고 있다. 흡연은 우리 몸에 나쁜 영향을 미치지만 이러한 장점도 있기 때문에 애연가들이 꾸준히 유지되고 있는 것이다.

하지만 흡연을 할 때는 다른 사람에게 피해를 주어서는 안 된다. 금연인 곳에서 담배를 피운다거나 길거리를 걸어가면서 담배를 피워 뒤에 오는 사람에게 불쾌감을 주지 않도록 한다. 흡연자가 설 자리를 지키기 위해서는 기본적으로 다른 사람을 배려하는 마인드를 가지고 있어야 한다.

명상에 의한 기분 전환

조용한 명상이나 기도 또는 명상음악이나 서적을 읽기 위해 잠시 시간을 내는 것은 시간 대비 매우 큰 효과를 얻는다. 매일 몇 분이라도 명상을 통해 정신을 정화하는 시간을 가진다면, 어려운 문제에 부딪혔을 때 객관적인 태도를 유지할 수 있다. 이미 이러한 사실을 깨달아 늘 생활 속에서 명상을 실천하고 있는 사람들이 있으며, 신앙이나 믿음으로 이러한 명상의 시간을 더욱 강화시킬 수 있다.

음반점에서 흔히 볼 수 있는 명상음악을 이용하는 것도 좋으며, 평소 즐겨듣는 조용한 음악을 이용하는 것도 좋다. 너무 시끄럽거나 가사가 있는 내용의 경우, 명상에 방해가 될 수 있으므로 조용한 환경에 어울리는 음악을 선곡하도록 한다. 클래식에 관심이 많다면 명상을 하면서 동시에 음악 감상의 시간으로도 이용할 수 있을 것이다.

일과 후의 기분 전환

하루를 마친 후에는 모든 것에서 해방된 마음으로 휴식을 취하는 것이 좋다. 마음에 걸리는 문제가 있더라도 깨끗이 씻어버리는 것이 좋으며, 한 부분이라도 남아 있지 않도록 털어버리도록 한다. 잠자리에 들어서까지 고민을 하다보면 불면이나 꿈으로 이어지게 되고 완벽한 휴식을 취하는데 큰 방해가 된다.

워커홀릭이라고 불리는 사람들의 경우, 회사에서 10시간 가까이 일하고 퇴근한 후에도 집에까지 일을 가져오는 경우가 있다. 기본적인 의식주를 해결하고 남은 모든 시간을 일만 한다면 그것이 과연 시간을 효율적으로 다루는 일일까? 반드시 모든 시간에 일을 해야만 보람을 느낄 수 있는 것은 아니다. 기분 전환을 할 수 있는 시간을 주어 다음날 더 열심히 일할 수 있도록 하는 것 역시 중요한 '일' 이다.

눈을 아껴야 능률이 오른다

컴퓨터 앞에서 공부하는 학생들과 일하는 직장인들이 많은 요즘, 눈의 피로를 호소하는 사람들이 점점 늘고 있다. 컴퓨터 모니터 앞에서 작업을 한다는 이유만으로 눈의 피로를 방치하고 있지는 않은가. 일의 능률이 원하는 만큼 또는 목표한 만큼 오르지 않는 이유는 눈의 피로가 크다. 시력이 약하기 때문에 능률을 올리는 시간이 그만큼 오래 걸리는 것이다.

두통, 만성피로, 비능률 등은 대개 불완전한 시력에 그 원인이 있으므로 안경 등으로 시력 교정을 하면 대부분 그 문제점을 벗어날 수 있다. 그러나 심미적인 이유로, 혹은 불편하다는 이유로 안경을 끼지 않으면 더욱 상태는 악화되고 만다.

눈이 나쁘면 행복의 대부분을 놓치고 일을 할 때 더 많은 시간과 노력을 소비하게 된다. 더 늦기 전에 안과 의사와 상담하여 치료를 받거나 컴퓨터 앞에 있는 시간을 줄이는 등 여러 가지 방법을 스스로 생각해 보자.

업무에 눈을 활용해라

최대의 능률을 올리기 위해서 눈을 활용하는 것은 매우 중요하다. 자판이나 피아노의 건반이 머릿속에 입력된 사람의 손은 눈이 보는 대로 따라가는 역할만을 하고 눈과 머리로 모든 일을 수행한다. 자동차 운전 역시 마찬가지로, 운전을 할 때는 브레이크 페달이나 핸들을 보는 것이 아니라 오로지 전방만을 주시한다. 감각적으로 기어를 바꾸고 브레이크나 페달을 밟으며 핸들을 돌린다. 이렇게 눈으로 보고 일을 직접 하는 것이 아니라 눈으로 보는 것만으로도 손과 발이 알아서 일을 할 수 있도록 훈련해 두는 것은 일의 능률에 아주 효과적인 방법이다.

집중력을 높일 수 있는 습관 만들기

1. 물리적인 환경을 관리한다.

정리정돈이나 청소를 잘 해두면 시각적인 혼란을 예방할 수 있다. 환경이 인간의 행동에 미치는 영향은 매우 크므로, 집중력을 위해서는 환경부터 정리하도록 한다.

2. 심리적으로 안정을 유지한다.

과거에 대한 후회, 미래에 대한 걱정, 불필요한 공상 등으로 마음의 안정을 흩뜨리지 않도록 한다. 또한 우울한 일이 있거나 흥분시키는 일이 있다면, 마음을 진정한 뒤 업무에 임하도록 한다.

3. 생리적인 상태를 잘 유지한다.

아플 때는 물론 배가 너무 고프거나 부를 때도 집중력은 떨어진다. 식사 후 30분 동안은 집중력이 떨어지므로 휴식을 취하는 것이 좋다. 하루 24시간을 모두 집중할 수는 없다. 꼭 필요할 때 집중할 수 있는 능력을 기르는 것도 중요하다.

4. 한 번에 한 가지만 한다.

가지나 잎이 너무 많은 나무는 좋은 열매를 맺을 수 없다. 이처럼 집중력을 요하는 중요한 일을 할 때는 정신을 여러 가지 일에 분산시키면 그만큼 좋은 결과를 얻기 어렵다. 한 번에 한 가지에만 집중함으로써 목표를 이룰 수 있도록 하자.

5. 집중이 잘 되는 시간을 찾는다.

사람마다 다르지만 하루 중 집중이 잘 되는 시간은 분명히 존재한다. 어떤 이는 새벽에 집중이 잘 될 것이고, 어떤 이는 오전에 집중이 잘 될 것이다. 중요한 것은 자신에게 맞는 시간을 파악하여 이를 효율적으로 이용하는 것이다.

CEO들의 여가 만들기

글로벌 기업을 이끄는 CEO들은 생각과는 달리 엄청난 시간과 업무의 압박을 받으며 살아간다. 그들이 일부러 시간을 만들어내지 않는다면 잠잘 시간조차 없는 것이 보통이다. 그렇다면 그들은 어떻게 여가를 이끌어내고 있을까?

1. 혼자만의 시간

여가란 '쉴 수 있는 시간'을 의미하는 것으로, 반드시 특별할 필요는 없다. CEO들은 이에 착안하여 하루 중에서 반드시 혼자만의 시간을 만들어낸다. 매일 정해진 혼자만의 시간에는 어떤 전화도 어떤 방문객도 받지 않는 철저함이 필요하다.

2. 비밀의 사무실

집무실 밖에는 비서와 결재를 기다리는 사람들이 항상 대기 중이라면 혼자만의 시간이 있다고 해도 마음이 편하지 않을 것이다. 이를 피하기 위해 어떤 사람들은 자신만의 비밀 사무실을 가지고 있다. 아주 가까운 지인에게도 비밀로 하고 조용히 일하거나 혹은 쉴 수 있다면 그 효과는 몇 배 더 크게 나타날 것이다.

3. 침대에서의 휴식

항상 바쁘게 사는 CEO들은 피곤할 때 쉬는 것이 오히려 일의 능률을 올려줄 수 있다는 사실을 잘 알고 있다. 한두 시간의 짬이 날 때마다 그들은 집으로 가서 자신의 침대를 찾는다. 가족들도 그를 방해하지 않고 배려해 주면서 잠깐의 휴식으로 긴 하루를 보내는데 일조한다.

08

일을 즐기는 방법

무기력증의 원인 파악하기

일에 몰입하게 되면 매우 열정적으로 집중력 있게 일을 하지만, 같은 시간과 같은 업무라 하더라도 집중력이 떨어지고 무기력해지는 것을 경험한 적이 있을 것이다. 이렇게 일하고 싶지 않을 때는 어떻게 하는 것이 좋을까?

업무에 대한 집중력이 떨어지는 가장 큰 이유는 만성피로인 경우가 많다. 피로란 힘을 다한 뒤의 결과이고, 일을 마친 뒤에 생기는 것이기 때문에 결코 일하기 전에는 생기지 않는다. 만약 일을 하기도 전에 손과 머리를 움직이는 것이 싫다면 그것은 피로나 건강이 아닌, 게으른 정신 상태에 문제가 있는 것이다.

일에 대한 무기력증은 피로로만 증상이 나타나는 신체 이상의 징후일 수도 있다. 일에 대한 능률이 떨어지고 무기력증이 생겨 업무에 지장을 준다면, 그 원인을 일단 찾아본다. 몸에 이상이 있다면 병원에 가도록 하고, 만성피로라면 피로를 회복하자. 또한 귀찮음이나 게으름 때문이 원인이라면 이 역시 마인드컨트롤 등을 통해 이겨낼 수 있도록 노력해야 한다.

적극적인 기분 강화시키기

사회생활을 하는 직장인에게는 두 가지 모습만이 요구되어진다. 소극적인 지연주의자 아니면 적극적인 행동주의자가 되는 것이다. 시키는 업무만 하는 소극적인 사람보다는 업무에 열정적으로 임하는 적극적인 사람이 환영받는 것은 당연하다. 사고방식이 적극적이면 일을 수행할 때 신속하고 능률적으로 완수할 수 있으며, 어떤 일이든지 끝까지 해낼 수 있는 강한 의지를 이끌어낼 수 있기 때문이다.

현재 하고 있는 일에 흥미 가지기

지금 하고 있는 지루한 일을 재미있는 일로 바꾸는 것은 마법과도 같은 일이다. 하지만 쉽지는 않아도 매우 높은 효과를 가진 방법이 한 가지 있다. 그건 바로 일을 완수하는 능력을 높이는 것이다. 이 방법을 터득한다면 자기가 하고 있는 일에 대해서 참되고 순수한 흥미를 갖게 될 것이다.

사람들 앞에서는 소심하게 말을 꺼내지 못하던 사람도 꾸준히 노력하면 자연스럽게 사람들 앞에서 분위기를 이끄는 리더가 될 수 있다. 처음에는 억지로 하게 되더라도 나중에는 즐길 수 있을 만큼 능력을 가지게 되는 것이다.

어떤 것을 좋아하는 것에 왕도는 없다. 좋아하고자 하는 마음가짐을 가지고 노력하여 일을 즐겁게 하는 방법을 터득한다면, 절대로 그 일에 실패하는 일은 없을 것이다.

일에 대한 열의를 높이는 방법

일에 대해 흥미를 갖는 것보다 우선하는 것은 바로 열의다. 업무에는 열의를 가질 수 있는 요인이 반드시 갖추어져 있기 때문에 사실 열의를 갖는다는 것이 그렇게 어려운 일은 아니다. 통계에 따르면 열의를 가지고 일하는 경우에는 그렇지 않을 경우에 비해 10퍼센트 정도의 피로밖에 느끼지 못한다고 한다.

그렇다면 열의를 갖는 최선의 방법은 무엇일까? 가장 좋은 방법은 어떤 일을 맡게 되었을 때, 반드시 좋은 성과를 내겠다는 결심으로 일을 접하는 것이다. 이렇게 하면 아무리 어려운 일이라도 즐거운 마음으로 할 수 있다. 일에 대한 열의, 자극제는 정복하는 것이 아니라 탐구하는 것에 있다. 칭찬이나 보상을 받기 위해서가 아니라 노력에 대한 만족감, 완성된 때의 성취감 때문에 마음이 흐뭇해지고 보람을 느낄 수 있는 것이다.

스스로에게 자극주기

어떤 일을 할 때마다 스스로를 격려하면 목적은 계획보다 보다 빨리 보다 훌륭하게 달성된다. 마차를 끄는 말에게 막대기에 매단 당근이나 강아지 경주 때 토끼 인형을 쓰는 것, 훈련이 잘 된 물개의 경우에도 곡예를 할 때는 물고기를 사용하는 것처럼 긍정적인 격려는 큰 효과를 낼 수 있다.

일반적으로 시간이 너무 촉박해 정해진 시간 내에 일을 마칠 수 없을 거라고 생각했던 사람들도 실질적인 대가가 주어지면 무리를 해서라도 일을 해내곤 한다. 이때 대가가 반드시 돈일 필요는 없다. 방 청소에 보통 30분이 걸리지만, 갑자기 손님이 방문한다고 하면 그 절반 정도의 시간 내에 청소를 마치는 것과 같은 경우이다. 이렇게 스스로 보수를 정하고 일을 빨리 완수하도록 한다면 그 어떤 것보다 높은 효과를 얻을 것이다.

좋아하는 사람과 함께하기

회사에서 일할 때 유난히 마음이 잘 맞는 사람이 있다. 일에 흥미가 안 생기거나 진행에 차질이 생길 때면 그 사람과 함께 이야기를 나누어보는 것도 좋다. 업무에 대한 조언을 구할 수도 있고, 이야기를 하면서 업무에서 받은 스트레스를 해소할 수도 있기 때문이다. 이성이 아니더라도 호감을 가지고 친하게 지내고 싶은 사람이 있다면 그 사람과 친해지려고 노력하는 것도 좋은 방법이다. 삭막한 회사 생활에서 가장 빛나는 것이 동료와의 우정이다. 업무 효율뿐만 아니라 자신의 즐거운 회사생활을 위해서도 도전해 봄직한 일이다.

하지만 마음이 잘 맞는다고 해서 퇴근 후에도 너무 많은 시간을 함께하는 것은 오히려 좋지 않을 수도 있다. 남자들의 경우 술이나 도박 등의 불필요한 유흥으로도 빠질 수 있기 때문이다. 건전하게 운동을 함께하거나 공부를 할 수 있는 관계를 가질 수 있도록 적극적으로 권하는 것도 우정을 돈독히 할 수 있는 좋은 방법이다.

돈 이외에 행복의 기준을 세워라

연봉과 행복은 비례한다고 믿는 사람들이 많이 있다. 하지만 꼭 그런 것은 아니다. 물론 연봉이 턱없이 부족하여 생활에 지장이 있을 정도라면 다르지만, 일반적으로 연봉은 매우 주관적이기 때문에 적은 연봉이더라도 일이나 여가 시간에 만족하며 사는 사람들도 많다.

행복은 객관적인 것이 아니다. 자신만의 행복의 기준을 말할 수 있는 척도를 만들어보자. 자신의 마음속에서만 가치를 지닐 수 있는 것은 결코 돈이 아님을 기억해 두는 것이 좋다. 행복의 기준은 넉넉한 여가 시간이 될 수도 있고, 좋은 복지가 될 수도 있다. 또한 일에서 얻는 즐거움이나 미래에 비전이 될 수도 있다. 이러한 부분을 모두 고려하여 자신이 행복을 느낄 수 있는 방법을 찾아본다면 최상의 행복을 느낄 수 있을 것이다. 행복은 스스로 만드는 것이지 다른 사람이 만들어주는 것은 아니기 때문이다.

적극적인 기분을 이끌어낼 수 있는 방법 5가지

1. 일을 시작할 때는 먼저 끝까지 하겠다는 결심을 한다.

일을 할 때 무조건 시작하는 것보다는 일하는 과정과 함께 끝까지 할 수 있는가를 생각해 봐야 한다. 갑작스레 생긴 열의로 시작했다가 끝에 가서는 포기하거나 흐지부지되는 경우가 많기 때문이다. 이는 책임감과도 연결되며, 한 번 마무리하지 않게 되면 다른 일에도 습관처럼 작용될 가능성이 매우 높다.

2. 항상 맑은 정신 상태를 유지한다.

일을 할 때는 충분하게 잠을 자서 피로를 푼 상태에서 시작하는 것이 좋다. 몸이 피곤하면 마음도 피곤하고 자신의 생각만큼 능률도 오르지 않는다. 항상 맑은 정신 상태를 유지하게 되면 의욕이 생기고 집중하게 되어 일의 과정과 결과에서 모두 만족을 얻을 수 있을 것이다.

3. 나만 할 수 있는, 나의 일이라는 책임감을 가진다.

어떠한 일을 할 때 자신만이 할 수 있다는 책임감을 갖는 것이 중요하다. 모두가 할 수 있어도 내가 제일 잘할 수 있다는 생각을 갖고 책임감 있게 일에 임하도록 한다.

4. 부지런한 습관을 갖도록 노력한다.

처음 좋은 습관을 가지는 것은 어렵지만 익숙해지면 무엇과도 바꿀 수 없는 소중한 재산이 된다. 일찍 일어나는 습관을 갖는 것은 어렵지만, 일찍 출근함으로써 러시아워를 피할 수 있거나 회사에서 자기만의 시간을 가질 수 있다면 더욱 큰 시너지 효과를 얻을 수 있을 것이다.

5. 작은 일부터 차근차근 시작한다.

월요일 아침, 회사에서 일하기가 싫다면 일단 책상 정리부터 해보자. 그러면 해야 할 일도 머릿속에서 정리가 될 것이다. 일이 많다면 가장 짧은 시간 안에 해결할 수 있는 일부터 하는 것도 좋은 방법이다. 작은 일에서 얻은 만족은 큰 일을 해낼 수 있는 의욕의 원동력이 될 것이다.

09

의지를 강하게 하는 방법

적극적인 사고방식 갖기

어떤 일을 앞두고 하지 않으면 안 된다고 걱정은 하면서도 실제로 하지 않는 것을 보면 매우 안타깝다. 막상 시작하면 생각만큼 어렵지 않을 수도 있는데, 하지 않기 때문에 시간은 점점 지체되고 일 역시 진척되지 않는 것이다.

일을 재빨리 해내고 싶다면 '이것이 내가 갈 길이다.'라는 적극적인 사고방식으로 임하라. 즉, 매사를 수동적이 아닌 능동적으로 생각하는 것이다. 적극적인 사고방식은 꿈을 바꾸어 현실로 만드는 것이며, 하고 싶은 것을 완성시킨다.

적극적인 사고방식을 키우기 위해서는 세 가지 단계

를 통하는 것이 바람직하다. 첫 번째는 각각의 목적을 달성하기 위한 단계를 계획적으로 생각하는 것이다. 두 번째는 모든 것을 있는 그대로 받아들이고 낙관적인 관측을 섞지 않아야 한다. 잘못되었다고 생각될 때는 원인을 명확히 파악하여 반복하지 않도록 한다. 세 번째는 간접적인 원인을 들어 변명의 재료로 삼지 않는 것이다. 모든 책임은 다른 것이 아닌 나 자신에게 있다는 것을 인지하고 반성의 자세로 원인을 살피는 것이 좋다.

그 자리에서 즉시 행동하라

어떤 일을 할 것이라면 그 즉시 행동하는 것이 시간과 노력을 아낄 수 있는 방법이다. 꾸물대는 것이야말로 시간을 낭비하는 가장 큰 요인이다. 누구나 정도의 차이는 있지만, 사람들은 무의식중에 일을 미루려는 경향이 있으므로 이에 주의해야 한다. 오늘 할 일을 내일로 미루지 말 것이 아니라, 오늘 할 일은 지금 당장 가능한 시간 안에 해야 한다. 항상 빨리빨리를 외치는 것도 좋지 않지만, 너무 만만디를 외치는 것도 좋은 방법은 아니다.

시간을 절약하는 방법으로 가장 좋은 것은 어떤 일이든 지금 당장 되도록 빨리 하는 것이다. 이러한 '즉각 행동'은 자신뿐만 아니라 다른 사람에게도 영향을 미친다. 자신이 일을 미룸으로써 다른 사람의 시간이 낭비될 수 있기 때문이다.

재빠르게 일에 착수하기

연기주의를 극복하는 것만큼 중요한 것이 행동으로 옮기는 것이다. '어떻게 하면 좋을까?' 라는 고민에 빠지지 않고 '나는 반드시 할 수 있다. 잘 진행될 것이다.' 라는 생각으로 스스로의 행동을 개선할 필요가 있다.

간혹 스스로 시작하지 않고 다른 사람이 시킨 뒤에야 비로소 일을 하는 경우가 있다. 행동에 대한 개시는 내부가 아닌 외부에서 이루어지는 것이라고 생각하기 때문이다. 일을 기다리는 것만으로는 아무것도 할 수 없다. 일을 시작하기 전에 계획을 세우는 것은 좋지만, 지나치게 깊이 생각하는 것은 좋은 방법이 아니다. 불가능해 보이는 목표라 하더라도 꾸준히 노력한다면 그 일을 완성하는 것은 시간의 문제가 될 것이다. 자기 자신을 용기 있게 만들기 위해서는 과거에 이룬 일들을 생각하는 것도 좋은 방법이다. 전에도 해냈으므로 이번에도 해낼 수 있을 것이다. 게다가 한 번 해본 경험이 있으므로 더 빨리, 더 멋지게 해낼 것이다.

습관의 힘

우리는 모두 습관을 가지고 있는데, 이러한 습관에는 좋은 것도 있고 나쁜 것도 있다. 습관이란 일을 할 때 그 사람 나름의 독특한 방식을 이야기할 뿐만 아니라 자신의 몸에 밴 능률을 높여주기도 한다. 긍정적인 습관이 몸에 밴다면 그 습관에서 절약된 시간은 다른 좋은 일을 가져올 수 있을 것이다.

좋은 습관은 타고나는 것이 아니라 만들어지는 것이다. 그러므로 매일 일과에 대해 최선을 다하고, 그것을 잊지 않도록 반복해야 한다. 현재 습관을 자세히 조사하고 어떤 습관을 버리는 것이 좋을까를 정한다. 결국 바르고 좋은 습관을 만들어내는 것이 필연적으로 나쁜 습관을 없애는 방법이다.

지금부터 하루에 하나씩 좋은 습관을 실천해 보자. 처음에는 인내를 가지고 해야 하지만, 어느새 몸이 먼저 익혀 조금씩 변화하고 있는 스스로를 발견할 수 있을 것이다.

수다를 없애고 대화를 만들자

실천은 하지 않고 말로만 떠드는 것이 가장 큰 시간 낭비다. 사회생활을 하다보면 불필요한 수다들이 매우 많다. 말할 필요가 없는 것을 말하지 않는 것은 시간절약일 뿐만 아니라 중요한 사교 비결이기도 하다.

그렇다면 불필요한 수다를 없애기 위한 방법은 무엇일까? 첫째는 필요한 말만 할 수 있도록 자신을 훈련하는 것이고, 둘째는 무엇 때문에 말하는지를 명확히 아는 것이다. 상대방과 친해지기 위해서라면 일반적인 대화를, 가르치는 경우에는 그 분야에 대해 전문적인 지식을 말하는 것처럼 목적을 생각하는 것이다.

목적에 맞는 말을 한다면 대화는 좀 더 확고한 것이 될 것이고, 상대방에게 불필요한 오해를 사는 일도 없어질 것이다. 또한 기분대로 모든 말을 하는 것 역시 화를 부를 수 있다. '이런 말을 하면서 시간을 보낼 가치가 있을까?' 라고 스스로 하는 말들을 반성해 본다면, 몇 초의 시간으로 몇 시간을 아낄 수 있게 될 것이다.

새로운 힘을 가져오는 감정의 컨트롤

감정을 제어하는 방법을 아는 사람은 감정의 포로가 되는 사람들보다 단시간에 많은 일을 이룰 수 있다. 분노나 공포 등의 감정은 체력을 소모시키기 때문에, 이러한 감정을 바르게 제어하면 다른 일을 하는 힘의 원천이 될 수 있다. 그러나 감정은 억지로 만들거나 없애는 것이 아니다. 제대로 된 감정의 돌파구를 찾아낼 수 있다면 감정의 발현은 바르게 인도될 것이다.

화를 내는 일은 흔히 볼 수 있는데, 화를 억누르느라 일조차 하지 못한 경험은 누구에게나 있을 것이다. 화는 대부분 다른 사람이나 일에게 돌려지는데, 사태를 개선하려고 해도 그 원인이 다른 것에 있다고 생각하기 때문에 손을 쓰기도 어렵다. 이를 해결하기 위해서는 화내는 원인을 주위에서 찾지 말고 스스로에게서 찾는 것이 중요하다. 화를 내면서 소비하고 있는 이유는 바로 당신 자신에게 있기 때문이다.

회의나 강의 시간에는 앞에 앉아라

회의나 강의가 있을 때면 사람들은 으레 뒷자리부터 채우곤 한다. 이럴 때 임원 가장 가까이에 그리고 강사 바로 앞에 앉아보자. 앞자리에 앉다보면 어쩔 수 없이 긴장할 수밖에 없고 상대방의 이야기를 잘 들을 수밖에 없다. 의견을 경청하다보면 의견을 내는 횟수도 잦아질 것이고, 이것이 반복되면 회의와 강의에 적극적임을 인정받을 수 있을 것이다. 또한 집중력이 높아지면서 관심도 높아져, 평소 지루하게만 느껴졌던 시간도 배울 것이 많다는 것을 깨달을 수 있다.

미루는 습관 극복하기

1. 즉각 실행하는 것과 무작정 덤비는 것은 다르다. 일의 순서를 계획하고 정리한 후 즉각 실행하도록 한다.

2. 처음부터 성공하기는 어려우므로 일단 쉬운 일부터 시작한다. 처음 성공은 다음 성공의 디딤돌이 되어줄 것이다.

3. 큰일을 정복하는 것은 작은 정복의 연속이다. 작은 일부터 하다보면 압도당할 만큼 큰일도 어렵지 않을 것이다.

4. 가장 힘들거나 어려운 일을 먼저 한다. 그러면 남은 일은 그보다 쉬운 일이므로 비교적 편하게 할 수 있다.

10

성과를 높이는 환경

나만이 가진 최고의 시간

"오늘은 일이 매우 잘 되는데? 오늘처럼만 일하면 평소의 절반만 일해도 목표가 달성되겠군." 이런 생각은 누구나 해본 적이 있을 것이다. 그렇다면 이렇게 일이 잘 되고 능률이 올랐던 이유는 무엇일까? 날씨가 좋았거나 기분이 좋았을 수도 있다. 날씨나 기분처럼 일 역시 잘 되는 시간도 있고 잘 되지 않는 시간도 있다.

대부분은 심리적인 영향이 크지만, 같은 조건 하에서도 어떤 시간에는 능률이 매우 높고 어떤 시간에는 능률이 매우 낮을 수 있다. 이는 모두에게 적용되는 공통의 법칙은 아니다. 그렇기 때문에 자신만의 최고의 시간을 찾는 것이 매우 중요하다.

나만의 생활 리듬 찾기

사람의 생활 리듬은 언제나 변할 수 있다. 이는 습관에 따라 얼마든지 달라질 수 있다는 것으로, 자신의 의지가 있으면 원하는 대로 바꿀 수 있는 것이다. 기상 시간이 정해져 있는 경우, 회사를 가지 않는 날에도 그 시간에 눈이 떠지는 것은 바로 이러한 생활 리듬 때문인 것이다.

강한 의지만 갖고 있다면 몇 주 동안의 노력으로도 생활 리듬을 바꿀 수 있다. 또한 체온으로도 자신에게 어울리는 생활 리듬을 찾을 수 있다. 체온이 올라가면 상당 시간 지속되기 때문에 하루 중 일정한 시간만 컨디션을 조절해 주면 되는 것이다. 조깅 같은 간단한 운동을 하거나 뜨거운 물로 샤워하는 방법도 좋다. 굳이 인위적인 방법을 이용하지 않더라도 자신이 가장 즐거운 시간을 찾아 그 시간에 하고 싶은 일을 하는 것도 좋은 방법이다.

계절도 중요한 선택이다

우리나라는 다양한 계절을 즐길 수 있는 자연의 혜택을 받은 곳이다. 자신에게 가장 좋은 시간대가 있는 것처럼, 가장 일이 잘 되는 계절도 존재한다. 봄과 가을처럼 일도 공부도 잘 되는 계절을 헛되이 보내지 않도록 주의하며 열정적으로 일이나 공부에 임해 보자. 우리 몸의 메커니즘이 가장 효과적으로 작용하는 봄과 가을은 단시간 내에 많은 것을 이룰 수 있는 소중한 계절이자 시간이다.

봄과 가을은 기온이 가장 적당하기 때문에 생활하기 좋지만, 그런 이유가 아니더라도 가장 좋아하는 계절이 하나씩 있을 것이다. 취미생활 때문에 특정 계절이 좋을 수도 있고, 더운 날씨나 추운 날씨를 좋아하는 사람들도 있을 것이다. 단지 좋아하는 계절을 기다릴 것만이 아니라 그 계절에 할 수 있는 일을 찾아보자. 자기발전과 관계된 것은 시간과 때를 기다리지 않는다. 자신에게 맞는 일을 찾는 노력을 항상 게을리하지 말자.

쾌적한 장소는 일도 잘 된다

아인슈타인 같은 천재들처럼 어떤 시간이나 장소에서도 집중할 수 있는 사람들이 있다. 하지만 우리와 같은 대부분의 보통사람들에게는 업무 환경이나 분위기가 집중력에 매우 큰 영향을 미치고 있다. 이는 과학적으로도 충분히 증명된 것으로, 매우 중요한 부분이다.

미국의 어떤 대학에서 환경과 업무에 대한 실험을 한 적이 있다. 학생들을 두 그룹으로 나눈 뒤, 한 그룹은 더러운 다락방에서, 다른 한 그룹은 쾌적한 사무실에서 똑같은 일을 하도록 하였다. 처음 얼마 동안은 큰 차이가 나타나지 않았지만, 점차 시간이 흐를수록 다락방에서 일한 학생들은 양과 속도 모두에서 크게 뒤처졌다.

쾌적하고 좋은 환경은 일의 능률을 올리는데 절대적으로 필요하다. 스스로 깨끗한 환경에서는 일이 잘 안 된다고 생각하더라도 일단 책상 주변부터 치워보자. 자신도 모르게 좋은 분위기에서는 일에 대한 의욕이 커진다는 것을 알 수 있을 것이다.

일하기 좋은 환경을 만드는 조명

사무실의 밝기는 일의 능률에 있어 매우 중요하다. 글로벌 기업인 제너럴 일렉트릭 사는 조명을 개선한 뒤, 10~30퍼센트 이상 생산량이 증가했다는 사실을 발표했다. 조명만 바꾸어도 업무 능력에 큰 효과를 얻을 수 있는 것이다. 사무실이나 집에서도 자신에게 맞는 조명을 찾도록 노력하여 일의 능률뿐만 아니라 자신의 컨디션을 최상의 상태로 만드는 것은 매우 중요한 일이다.

로맨틱한 분위기를 만들어주는 램프 갓이나 어두운 조명은 장식용으로는 효용성이 높을 수 있다. 그러나 독서나 일을 할 때는 어울리지 않을 뿐만 아니라 시력에도 지장을 줄 수 있다. 이를 감안하여 자신에게 가장 어울리는 조명을 찾아 효과적으로 이용하도록 하자. 조명 조절이 되는 다양한 기능의 램프를 이용하는 것도 좋은 방법이다.

일하기 좋은 환경 갖추기

1. 적정한 실내온도를 유지한다.

여름에 추위를 느낄 정도로 춥거나 겨울에 땀이 날 정도로 따뜻한 것은 좋지 않다.

2. 가능하면 자연광을 이용한다.

집중도를 높이기 위해 창문을 가리고 다른 조명기구를 이용하는 것보다는 자연광을 이용하는 것이 집중력을 높인다.

3. 신선한 공기를 유지한다.

한 시간에 한 번씩은 창문을 열어 환기를 시키며 신선한 공기에서 일할 수 있도록 한다.

4. 쾌적한 주위환경을 조성한다.

소음을 일으키거나 악취를 일으킬 수 있는 부분들을 관리하여 항상 기분 좋은 환경에서 업무 성과를 높일 수 있도록 한다.

5. 가구를 적절하게 배치한다.

가구를 고르거나 인테리어를 할 때는 보기 좋은 것보다는 효율성을 갖출 수 있도록 한다.

6. 원하는 분위기에서 일한다.

음악이나 라디오를 들으며 일할 때 능률이 더 높아지는 경우도 있으므로 조용한 환경만을 강요할 필요는 없다.

11

메모의 기술

계획을 부르는 메모 습관

성공하는 사람들은 대부분 메모의 중요성을 끊임없이 역설하고 있다. 메모는 시간 절약을 위해서도 반드시 필요하며, '메모는 하버드 대학에서 받은 교육만큼 가치 있는 일' 이라는 말이 있을 정도이다. 그렇다면 이렇게 훌륭한 기능을 가진 메모는 어떻게 해야 하는가?

메모는 어떤 생각이 떠오를 때 즉시 하는 것이 좋다. 그것을 다시 기억하는데는 적지 않은 시간이 들기 때문이다. 이렇게 떠오른 생각은 휴일을 이용해서 계획을 세울 수 있는데, 이것이 바로 하려고 하는 일을 실행할 수 있는 기본적인 역량이 된다. .

메모하는 것만큼 중요한 메모 관리

메모를 아무리 잘해도 그것을 제대로 정리하지 못한다면 원하는 효과를 얻을 수 없다. 메모를 정리하는 것이 바로 진짜 메모의 효과인 것이다.

공부를 할 때, 잘 모르는 부분을 손으로 천천히 써보면서 그 내용을 이해하게 되는 경우를 경험한 적이 있을 것이다. 메모의 또 다른 효용은 이처럼 기억을 상기시켜준다는 것이다. 생각한 내용을 한 번 적어두게 되면 그것은 머릿속 한편에 자리 잡을 수 있게 되며, 자신을 위한 일에도 도움이 될 것이다. 어떤 일을 어떻게 해야 할 것인지 생각했다면, 이미 그 일을 절반 이상 실천한 것과 다름이 없다는 것을 기억하자.

중요한 미팅이 있을 때는 물론, 가까운 곳을 외출할 때도 종이와 펜은 항상 준비하도록 하자. 머리로 기억하고 눈으로 익히며 손으로 남기는 것은 당신이 생각하고 있는 것 이상의 큰 효과를 줄 것이다.

실행에 도움이 되는 메모

해야 할 일, 떠오르는 일을 전부 노트에 적고 자주 본다고 하더라도 그것을 실행에 옮기지 않는다면 또 다른 시간 낭비가 된다. '빨리 해야 하는데…….' 라는 생각만으로 며칠을 보낸 사람이라면 더욱 그렇다. 이렇게 일을 미루는 것을 방지하기 위한 가장 좋은 방법은 메모 자체를 실천해야만 하는 메모로 만드는 것이다.

영어공부에 대해서 막연하게 해야 할 일을 적는 대신, 구체적인 시간과 방법을 정해 몇 월 몇 시에 단어 몇 개를 외우겠다는 식으로 적어보자. '내일은 오전 7시 반에 영어단어 50개를 외울 것이다.' 등으로 메모를 작성한다면 메모는 효과적으로 이루어질 것이다. 또한 메모한 대로 실천했는지를 항상 체크하고, 목표를 달성했을 경우 자신에게 작은 보상을 주도록 하자. 그러한 과정이 반복되면서 몸에 익숙해질 수 있게 된다면 원한 것 이상의 효과를 얻을 수 있을 것이다.

탁상 메모 활용하기

계획표를 작성하는 것은 일을 진행시키는데 절대적으로 필요하다. 하고자 하는 일을 탁상 메모에 적어두면, 볼 때마다 생각이 나게 되므로 자연스럽게 그 일에 대해 잊지 않을 수 있다. 만나는 것을 잊고 있었던 사람이나 참가하고 싶었던 일 등이 있을 때, 탁상 메모를 활용하면 보는 것만으로도 일이 실행 가능해지는 것이다.

수첩이나 스마트폰을 이용하는 사람이라면 탁상 메모 역시 대신할 수 있겠지만, 한 번 적는 것보다는 두 번 적는 것이 기억력이나 일을 진행시킬 때 더 효율적임은 두말할 필요가 없다. 반복할수록 자신에게는 더 큰 도움이 된다. 수첩에 있는 내용과 함께 탁상 메모를 점검한다면 당신의 스케줄은 더욱 알차고 정확해질 수 있을 것이다.

호주머니 속의 비서, 수첩

시간을 효율적으로 관리하는 사람은 수첩과 메모를 분신처럼 여긴다. 기록한 것을 좀 더 분명히 기억하기 위해서 가장 효과적인 것은 수첩이지만, 더욱 중요한 것은 수첩을 어떻게 할용하는가이다. 사람에 따라 다르기 때문에 한 가지 룰만 제시하기는 어렵지만 일반적으로 효과적인 기록 방법에 대해 알아보자.

수첩은 날짜와 시간별로 기록하는 것이 좋으며, 자신만이 알 수 있는 약자를 사용하여 효과적으로 메모하는 것도 중요하다. 또한 뒤에 자주 쓰는 전화번호 등을 작성해 둔다면, 휴대폰 배터리가 방전되었을 때와 같은 긴급 상황에 대처할 수 있다.

또한 분명하게 정보를 기입할 때는 5W 1H의 육하원칙에 따라 기록하는 것도 좋은 방법이다. 누가(who), 언제(when), 어디서(where), 무엇을(what), 왜(why), 어떻게(how) 등의 원칙에 따라 쓰면 일이 체계적으로 정리되어 더 효율적으로 처리할 수 있다.

전자기기 활용하기

예전에는 수첩이나 메모장 등을 갖고 다니면서 메모를 했지만 지금과 같은 디지털 시대에는 다양한 전자기기를 활용할 수 있다. 노트북이나 전자수첩, 스마트폰 등은 일정 관리나 메모에 있어 혁신적인 아이템이다. 디지털 형식이기 때문에 메모 내용을 효과적으로 적용할 수 있으며, 알람 기능 등을 이용하면 제때에 자신이 해야 할 일을 알려주는 비서 역할도 할 수 있다. 메모뿐만 아니라 사람들의 연락처도 정리할 수 있고, 방대한 분량의 자료 역시 간단히 가지고 다닐 수 있다. 기계에 대해 불안감을 가지고 있는 경우에도 사용법을 익혀서 활용한다면, 그 어떤 메모장보다도 효과적으로 사용할 수 있다는 사실을 곧 깨달을 수 있을 것이다.

기계를 다루는 일이 익숙하지 않거나 또는 자신만의 독특한 노하우가 있는 사람이라면 굳이 이 방법을 이용하지 않아도 된다. 나에게 잘 맞지 않는 비효율적인 방법에 일부러 시간과 비용을 들일 필요는 없다.

회의 시간을 낭비하지 않는 방법

1. 15분 이상 계속되는 회의는 반드시 그것을 위한 특별 회의록을 준비하여 회람시킨다.

2. 구체적인 의제에 대해 구체적인 결정이 불가능한 회의는 중지한다.

3. 이끌어내야 할 결론은 지연시키지 않는다. 특히 마지막 결론을 이미 알고 있다면 바로 제안하여 자신뿐만 아니라 모두의 시간을 아끼도록 한다.

12

정리가 시간을 번다

시간을 절약해 주는 옷 정리

금쪽같은 아침 시간에서 가장 헛된 시간이 바로 옷을 고민하는 시간이다. 그날의 업무에 맞는 옷을 찾기 위해 낭비하는 시간도 적지 않다. 가장 좋은 방법은 전날 잠자리에 들기 전에 다음날 입을 옷을 미리 준비해 두는 것이다. 어울리는 상하의를 함께 준비해 두면 패션에 신경을 쓰는 사람이라도 효과적일 수 있다.

반드시 아침에 입을 옷을 준비하는 사람이라면 옷을 색깔별로 정리해 두는 방법을 생각해 보자. 상의와 하의로 나누고 진한 색에서 밝은 색으로 자신만의 색깔 분류법에 따라 정리해 둔다. 그 중 한 벌을 꺼내면 원래의 자리에 다시 걸 때까지 그 자리는 비워두는 것이 좋다. 구두 역시 색깔별로 정리해 둔다면 필요할 때 쉽게 꺼내 신을 수 있다. 이렇게 해두면 옷이나 신발을 전날 밤에 미리 준비해 두지 않아도 많은 시간을 절약할 수 있으며, 정리하는 습관에 익숙해진다는 것이다. 물건을 사용하고 제자리에 두는 것은 기본적인 것이지만, 그렇지 않은 경우가 많기 때문에 물건을 찾는데 시간을 허비하게 된다. 작은 것뿐만 아니라 큰 것에서도 '제자리에 두기'라는 기본적인 원칙을 지켜보도록 하자.

판매대를 이용한 정리정돈

백화점이나 전문점 등에서 파는 판매대나 정리대를 구입하여 사용해 보면 놀랄 정도로 시간이 절약되는 것을 알 수 있다. 특히 여성들의 경우 목걸이나 귀걸이의 판매대를 사서 사용하면, 정리할 때나 물건을 찾을 때 시간이 크게 절약된다는 것을 알 수 있다. 이처럼 넥타이, 구두, 바지 등도 꺼내기 쉽게 정리해 두는 것이 좋다. 또한 한 군데에 여러 가지 물건을 함께 두면 찾는데 시간이 더 걸릴 수 있다. 양말은 구두 곁에, 넥타이는 와이셔츠 곁에 놓아두면, 한 번에 두세 가지 일을 처리할 수 있다.

굳이 멀리 나가지 않더라도 인터넷에서도 다양한 상품들을 많이 판매하고 있다. 종이로 만든 것부터 철제로 만든 것까지 그 크기와 종류도 매우 다양하다. 이 중에서 자신의 주거환경과 어울리는 것을 찾아 정리해 보도록 한다. 조금의 시간과 비용 투자로 좀 더 정리정돈된 환경에서 생활할 수 있다.

상자를 이용한 정리법

출근할 때 깜빡 잊고 두고 나온 물건이 있어 다시 되돌아간 경험은 누구나 한 번쯤 있을 것이다. 그러나 이러한 일이 한 번이 아닌 두 번 이상이 될 경우, 최악의 경우에는 지각까지 하게 되므로 매우 곤란해진다. 이를 위해 가장 좋은 방법은 상자를 이용하는 것이다.

현관이나 방문 입구, 화장대 한편에 작은 상자를 둔다. 그리고 집에 들어오면서 자동차 열쇠, 지갑, 시계, 각종 장신구 등 매일 가지고 다녀야 하는 것을 구분하여 넣어둔다. 이러한 습관을 갖게 되면 이것을 찾는데 소비되는 시간을 줄일 수 있을 뿐만 아니라 '깜빡' 하고 그냥 넘어가는 습관을 버릴 수 있을 것이다.

또 다른 방법으로는 숫자 세기 방법이 있다. 매일 아침 가지고 나가야 하는 것의 숫자를 세어두는 것이다. 열쇠, 핸드폰, 지갑이 필수라면 1, 2, 3을 세고 다 준비가 되었는지 체크해 보자. 적어도 필수품을 잊어버리고 외출하여 겪을 수 있는 난감한 상황은 겪지 않아도 될 것이다.

상자에 이름표를 붙여라

누구에게나 자주 사용하지 않으면서도 버릴 수 없는 물건들이 있다. 이렇게 자주 사용하지 않는 물건들은 상자에 넣어 잘 쓰지 않는 물건을 두는 위쪽 선반이나 창고에 넣어두고, 무엇이 들어 있는지 상자 바깥에 적어둔다. 계절별로 쓰는 물건들은 다른 상자에 넣어두고, 역시 리스트를 적어서 보관하면 나중에 무엇이 들었는지 몰라서 여러 상자를 모두 열어보는 시간 낭비를 방지할 수 있다. 또한 이사를 할 때도 편리하게 이용할 수 있다. 계절마다 대청소를 반드시 하여 집 전체를 정리하는 사람이 아니라면, 매우 효율적으로 이용할 수 있는 방법이다. 이와 같이 사진이나 아이들의 장난감 등 추억이 담긴 물건들도 같은 방법으로 정리할 수 있다. 필요한 것은 보관할 물건에 맞는 크기의 상자와 글씨를 쓸 수 있는 펜이다. 간단한 글씨 몇 자로 몇 분 혹은 몇 시간을 아낄 수 있다면 이보다 효율적인 일은 없을 것이다.

주머니와 핸드백 정리하기

우리는 매일 지갑, 열쇠, 핸드폰, 시계 등 여러 가지 물건들을 가지고 다녀야만 한다. 그러나 이러한 물건들을 가방이나 주머니에 함부로 넣어두었을 경우, 찾을 때마다 적지 않은 시간을 낭비한다. 주머니나 핸드백에 명확한 구역을 나누고, 정해진 자리에 항상 그 물건을 두도록 한다. 처음에는 적응하는데 다소의 시간이 걸리겠지만, 그것에 익숙해지면 더 이상 갖고 있는 물건을 찾는데 시간을 쓰지 않아도 된다.

여성의 경우라면 가방 안을 정리해 주는 아이템을 따로 구입할 수도 있으며, 여행을 다닐 때도 각각 비닐봉투 등으로 구분하여 정리할 수 있다. 특히 출장이나 여행이 잦은 사람의 경우 빨래를 해야 할 것과 그렇지 않은 것을 구분할 때도 이는 매우 유용하게 사용할 수 있다. 정리의 힘은 집에서만 필요한 것이 아니다. 외출을 하거나 여행을 할 때도 더욱 편리하게 이용할 수 있다.

여행 짐 꾸리기 요령

여행용 가방에 일상용품을 규모 있게 챙겨 넣는 방법을 알고 있으면, 많은 시간을 절약할 수 있다.

1. 여행에 필요한 물건의 목록을 작성하고 여행을 다녀온 후에도 사용할 수 있도록 잘 보관한다. 여행을 다녀온 뒤에 목록을 수정한다면 다음 여행의 짐은 더 알차게 꾸릴 수 있다.

2. 화장품이나 세면도구 등은 여행용 세트를 장만해 두는 것도 좋다. 쉽게 구할 수 있는 샘플이나 휴대용 세트 등을 잘 보관하고 관리하면 여러 번에 걸쳐 편리하게 사용할 수 있다.

3. 옷장에서 옷을 꺼낼 때 그에 필요한 준비물을 함께 꺼낸다. 남자라면 양복과 함께 와이셔츠, 넥타이, 벨트, 양말 등이며, 여자라면 옷과 함께 어울리는 구두와 핸드백 등이 될 수 있다.

4. 짐을 쌀 때는 무거운 물건은 바닥 쪽에, 구석에는 작은 세면도구를, 중간에는 구겨져도 괜찮은 잠옷 등을 넣는다. 맨 위에는 정장 등 구겨지기 쉬운 옷을 잘 정리하여 넣는다.

5. 여행을 간다고 해도 격식을 차린 옷차림이 필요할 수 있으며, 출장을 가는 경우에는 정장이 필수일 수도 있다. 만일을 대비하여 한 벌 정도는 격식을 차린 정장을 가지고 가는 것이 좋다.

13

책상 앞에서만 일하지 말자

소중한 아침 시간 만들기

사람에 따라 차이는 있지만, 일반적으로 하루 중 기분이 가장 상쾌한 시간은 아침 시간이다. 대부분의 직장인들이 정신없이 출근하는 아침 대신 조금 일찍 일어나 9시 이전에 여러 업무를 한다면 낮에 하는 일보다 최대 두 배 이상의 능률을 올릴 수 있다. 또한 일과 이외에 공부를 하거나 운동을 하는 것은 아침 시간을 더욱 효율적으로 사용하는 방법이다.

아침에 일어났을 때 피곤함을 느낀다면, 뜨거운 커피를 마시거나 샤워를 하는 것도 좋은 방법이다. 처음에는 쉽지 않겠지만 점차 익숙해진다면 그동안에 시간이 없어 하지 못했던 일을 할 수 있는 소중한 시간을 만들 수 있을 것이다. 아침형 인간이 어울리지 않는다고 하더라도 이 땅에서 샐러리맨으로 사는 이상, 아침 시간을 활용하는 것은 불가피하다. 이를 고려하여 자신의 생체 리듬을 재구성해 보자.

잠자리에서 일하기

대부분의 사람들은 회사 혹은 책상 외의 장소에서 일하는 것을 매우 어색하게 여긴다. 그러나 잠에서 깨어 눈을 떴고 정신은 말짱하지만 그대로 있고 싶을 때는 그 자리에서 일을 하는 것도 효과적인 방법이다.

출근 준비를 해야 할 시간보다 일찍 일어나 공부를 하거나 미처 하지 못한 일을 처리하는 것은 준비만 있으면 가능하다. 전날 밤, 자기 전 머리맡에 컴퓨터와 서류, 필기도구 등을 챙겨 두면 쉽게 하고자 하는 일을 할 수 있다. 이렇게 누구에게도 방해받지 않고 일을 하게 되면 낮에 하는 일보다 두 배 이상의 효과를 얻을 수 있으며, 더 높은 집중력도 유지할 수 있다.

정해진 장소에서 일하는 것보다 분위기를 바꾸어 다른 장소에서 업무를 볼 때 새로운 아이디어가 샘솟는 경험을 한 적이 있을 것이다. 평소 좋아하는 장소가 있다면 그곳으로 나가보는 것은 어떨까. 집과 사무실 이외에 새로운 공간을 마련해 보는 것도 좋을 것이다.

잠자리에서 일했던 윈스턴 처칠

영국의 수상이었던 윈스턴 처칠은 잠자리에서 일하기 위해 매우 단순한 방법을 사용했다. 처칠의 기상 시간은 오전 7~8시 사이였는데, 그는 눈을 뜨면 머리맡에 있는 산더미같이 쌓인 신문을 모두 읽었다. 신문을 다 읽은 뒤에도 침대를 떠나지 않고 갖가지 지시를 하였다. 처음에는 주위 사람들이 낯설어 했겠지만, 그의 일처리 능력을 보면서 나중에는 당연히 여겼고 이후에는 그를 벤치마킹하는 사람들도 많았다.

그는 "앉아서 일할 수 있을 때 서서 일하는 것은 어리석다. 누워 있어도 좋을 때에 앉아 있는 것 역시 어리석은 일이다."라고 말하면서 일의 능률이 자세에서 나오는 것만은 아님을 몸으로 보여주었다. 이는 처칠이 적지 않은 나이가 되어서도 강한 체력으로 일할 수 있었던 원동력이었다. 또한 그의 저서 《제2차 세계대전 회고록》의 마지막 권도 침대에서 완성했다고 한다.

좋은 아이디어를 찾아내는 방법

1. 필요를 충족시켜주고 흥미를 가질 수 있는 것을 텔레비전 시청이나 독서, 다른 사람의 이야기 등 다양한 방법을 통해 모아둔다. 기억할 때는 보이스 레코더, 메모지 등 다양한 도구를 활용할 수 있다.

2. 재미있는 항목은 스크랩하고 그 밑에 자신의 주를 달아둔다. 파일로 저장할 때는 제목을 명확히 하여 필요할 때 쉽게 아이디어를 찾아낼 수 있도록 한다. 가끔씩 아이디어를 적어 놓은 기억은 나지만, 그 장소를 찾지 못해 오랜 시간을 허비하는 경우가 있다. 또는 자신의 아이디어를 대충 정리해 놓고 나중에 보면, 본인도 모르는 경우가 있으므로 주의하도록 한다.

3. 눈에 잘 띄는 자신만의 장소에 재료들을 잘 정리해 둔다. 파일로 만들어 보관하면 기록을 더욱 잘 정리할 수 있다. 여러 가지 아이디어를 내야 하는 상황이라면, 파일별로 구분하고 원하는 내용을 간단하게 요약해 두는 것도 좋다.

14

집만큼 중요한 사무실 관리

일을 만드는 책상

책상이 일을 만든다고 생각하는 사람들이 있다. 사무실에 책상이 있기 때문에 서류들이 만들어진다는 것으로, 책상이 없어진다면 그만큼 일이 줄어든다는 것이다. 어느 정도 공감할 수 있는 부분들이 있지만 컴퓨터와 종이를 주로 사용하는데다가, 샐러리맨이 자의적으로 책상을 없앤다는 것은 불가능하다. 이제부터 책상이나 서류에 지나치게 의존하지 않는다는 생각으로 책상을 대하는 것도 좋은 방법이다.

사무실이나 도서관 등 책상이 없는 곳에서는 일이나 공부를 하지 않는다는 것도 책상에 대한 부정적인 모습이기도 하다. 안락의자에서 편안하게 일을 할 수도 있고, 잠자리에서 일하는 방법도 있다. 책상에 앉았으니 일이나 공부를 하는 것이 아니라, 일이나 공부를 하기 위해서는 책상이 아닌 어디서라도 가능하다는 의식을 갖는 것이 좋다.

경영자의 평가를 가져오는 사무실

요즘은 사무실이 어떻게 배치되어 있는가를 경영자의 정신과 수완으로 연결시키는 경우를 많이 볼 수 있다. 사무실에서 가장 중요한 위치를 차지하는 책상도 다른 사람에게 보이는 모습보다는 그 실용성에 중심을 두고 있다. 사무실 책상을 전문적으로 제작하는 회사에서는 시간 절약을 위한 책상을 만드는 경우도 많다. 시간 낭비를 줄이기 위해 수납이 용이한 서랍을 달거나 책상 위가 납작해지지 않도록 서류 정리함을 부착하는 것이 그 예이다. 보안을 위해 안쪽에 기밀 서류함을 달기도 하고, 어디서나 쓸 수 있는 작은 휴지통을 책상 안에 두기도 한다. 책상을 구미에 맞게 조립하는 것은 어렵지만, 조금씩 활용하여 바꾸어 가는 것은 책상 주인의 몫일 것이다.

소음을 제거하라

조용한 곳에 있는 것만으로도 놀랍도록 정신이 집중되는 경험을 한 적이 있을 것이다. 오늘날 도시에서 사는 사람들은 모두 소음의 희생자라고 해도 과언이 아니다. 심리학자들은 도시인들이 소음으로 인해 소화기관이나 호흡기관 등에 좋지 않은 영향을 받고 있다고 말한다. 소음은 심장의 고동을 빠르게 하고 혈압을 높이며 근육의 긴장을 증대시킨다.

평소 소음이라고 생각하지 못한 것들에 대해 주의를 기울여보자. 작은 바람에도 문이 덜컹 소리를 내며 여닫힌다면 그것이 조용히 닫힐 수 있도록 기름칠을 하거나 완충기를 달도록 한다. 창틀은 작은 틈으로 보이지만 그것의 관리에 따라 소음에 매우 중요한 영향을 미친다. 만약 주위 환경이 열악하여 소음을 막을 수 없다면 집이나 사무실 등을 옮겨보는 것도 고려해 볼 만하다.

비품을 여유 있게 준비해 두어라

사무실이나 집에서 사용하는 물건들은 다소 비용이 부담스럽더라도 한 번에 사놓는 것이 좋다. 접착식 메모지나 셀로판테이프 등 사무실에서 사용하는 물건 외에도 치약, 비누, 휴지 등을 한 번에 구비해 두면 항상 필요할 때 사용할 수 있다는 장점이 있다.

또한 구급약품이나 공구 등은 필요하다는 것을 알면서도 구비해 두지 않아 불편을 겪을 때가 있다. 생각날 때 즉시 메모해 두고 장을 보러 갈 때 반드시 구입해 비치해 놓도록 하자. 이렇게 비품을 예비로 가지고 있으면 시간이 절약될 뿐만 아니라 생활 자체가 여유롭고 쾌적해진다.

물건은 찾기 쉬운 곳에

필요한 물건을 찾느라 시간을 낭비하는 것은 매우 무의미한 일이다. 하지만 물건을 항상 찾을 수 있는 곳에 정리해 두는 것은 결코 쉬운 일이 아니다. 사람들이 그렇게 하지 못하는 이유는 여러 가지가 있겠지만, 이것을 고치면 시간 낭비를 줄일 수 있을 뿐만 아니라 잘 정돈된 환경에서 일할 수 있다는 장점이 있다.

1. 계절용품은 계절에 따라 위치를 반대로 할 수 있는 상자를 사용한다. 한쪽에는 겨울용품의 목록을, 반대쪽에는 여름용품의 목록을 적어 놓으면 내용물만 바꾸어 놓고 상자를 돌려놓고 그대로 사용할 수 있다.

2. 상자를 사용할 때는 가능하면 투명한 플라스틱 상자를 이용한다. 안에 있는 물건이 잘 보이므로, 쪽지를 붙이는 수고나 물건을 찾느라 낭비하는 시간도 없게 된다.

3. 물건을 넣어두는 장 안의 서랍에 번호를 매겨둔다. 그리고 그 번호의 서랍에 넣어둔 물건의 목록을 만들어둔다. 목록을 만들어 놓은 뒤에는 눈에 잘 띄도록 장 안에 붙여놓거나 맨 위쪽 서랍에 둔다면 더욱 효과적으로 사용할 수 있다.

4. 동시에 사용되는 물건은 한 곳에 두는 것이 좋다. 골프용품, 야구용품 등 스포츠용품이나 세면도구 등은 한 곳에 두면 물건을 챙길 때 매우 유용하다. 요나 이불을 보관할 때도 한 세트로 되어 있는 베갯잇 등은 함께 넣어둔다. 따로 넣어둔다면 나중에 그것을 찾느라 시간 낭비를 할 수 있다.

15

일만큼 중요한 사람 관리

일을 가르치는 요령

높은 위치가 아니더라도 다른 사람에게 일을 가르치게 되는 경우는 많이 있다. 이때 주의할 것은 상대방이 나처럼 일할 수 있을 거라고 기대하지 않는 것이다. 또 급한 업무인데도 상대방에게 일을 하나하나 가르치면서 처리한다면 오히려 시간 낭비일 것이다. 이때에는 차라리 스스로에게 시간을 투자하는 편이 더 낫다.

그렇다면 어떻게 해야 할까? 상대방에게 처음부터 많은 것을 기대하기보다는 시간을 두고 차근차근 일을 배울 수 있도록 배려하는 마음이 중요하다. 그리고 상대방의 역량을 잘 파악하여 투자 대비 효과를 기대할 수 있다는 확신이 선행되었을 때 시간 대비 최고의 성과를 올릴 수 있는 것이다.

도움이 되는 방문객, 방해가 되는 방문객

회사 안팎의 사람들과 이야기를 나누는 것은 매우 유익하며 즐거운 일이다. 하지만 큰 소득이 없는 장황한 이야기를 나누는 것은 시간을 낭비하는 일에 지나지 않는다. 방문객과의 시간을 효율적으로 보낼 수 있는 가장 좋은 방법은 의사가 환자를 만나는 것처럼 방문객을 만나는 것이다. 매일 혹은 매주 시간을 정해 놓고 방문객을 만나게 되면 정해진 시간을 알차게 쓸 수 있기 때문이다. 그 밖의 경우는 아주 예외적인 상황으로 두도록 하여 특별한 경우가 아니면 허락하지 않는 것이 좋다. 유능한 비서가 이 일을 도와줄 수 있다면 더욱 효율적인 사무실의 질서를 수립할 수 있을 것이다.

시간 낭비를 줄이는 '질문법'

시간은 누구에게나 중요한 것으로, 시간을 효율적으로 활용하는 것은 나뿐만 아니라 방문객에게도 큰 도움이 된다. 방문객과의 대화를 좀 더 능률적으로 하기 위해서 가장 좋은 방법은 '질문법' 이다. 어떤 문제를 논의하기 위해 찾아왔지만 자신의 의견을 뚜렷하게 설명하지 못하는 경우가 적지 않다. 이런 경우, 상대가 무엇을 요구하는지 질문을 한다면 서로에게 더 만족스러운 시간이 될 것이다.

끊을 때 끊을 줄 아는 결단력

방문객과의 대화에서 더 이상 얻을 것이 없는데, 자리를 뜨지 않는 경우를 종종 볼 수 있다. 이때는 방문객의 기분이 상하지 않도록 자신의 스케줄을 살짝 언급하는 것이 가장 좋은 방법이다. 방문객으로 하여금 대화를 나눌 수 있는 시간이 여유가 있다고 생각하지 않게 하는 것이 중요하며, 부득이한 경우 비서나 전화 등으로 이야기를 중단시키는 것도 효과적인 방법이다.

이보다 더 좋은 방법은 만나기 전에 마치는 시간을 정하는 것이다. '이번 주 금요일 미팅은 오후 3시부터 5시까지 가능합니다.' 라고 미리 말을 해둔다면 상대방 역시 그 시간에 맞추어 일정을 진행할 수 있을 것이다. 이는 자신뿐만 아니라 방문객에게도 효율적이며, 일뿐만 아니라 다른 부분에서도 활용될 수 있으므로 잘 기억해 두자.

난처한 방문객 퇴치하기

사무실을 방문한 사람들뿐만 아니라 파티 등에서 불필요하거나 중요하지 않은 말을 많이 하며 시간을 빼앗는 사람들이 있다. 그 사람들의 기분을 상하게 하지 않기 위해서 대꾸해 주는 경우도 많지만, 이것은 귀중한 시간을 함부로 쓰는 것이다.

이런 사람들을 멀리서 보게 된다면 일단 피하는 것이 좋다. 만약 피할 수 없는 상황이라면 다른 약속이나 사람들을 핑계대고 그 자리를 떠나는 방법도 권할 만하다. 친분이 거의 없는 사람이라면 이러한 상황은 더욱 빠져나가기 쉬울 것이다. 이런 방법이 모두 실패했다면 솔직하게 지금 다른 사람과 신변잡기적인 이야기를 나눌 수 없을 정도로 바쁘다는 것을 충분히 인지시키는 것도 좋다. '좋은 사람' 이 되기 위해 소중한 시간을 희생하지는 말자.

시간을 절약하는 이메일

예전에는 의사전달 방법으로 주로 편지를 사용하였기 때문에 우편물이 배달되기까지 적지 않은 시간이 소요되었다. 하지만 요즘은 대부분의 사람들이 이메일을 이용하고 있기 때문에 수고 대비 높은 효과를 얻을 수 있다. 이메일 역시 편지나 전화처럼 '말을 전달하는 것' 에 지나지 않는다는 사실을 염두에 두고 사용하도록 한다.

이메일을 사용할 때 몇 가지 주의를 지킨다면 더욱 효과적이다. 첫째는 빠른 회답을 요구할 때이다. 가능하면 빨리 해달라는 추상적인 내용보다는 정확히 몇 날 몇 시까지 회답을 받아야 하는지에 대해 구체적으로 명시하는 것이 좋다. 너무 급한 느낌을 주지 않도록 자신의 상황을 충분히 언급하는 것도 좋은 방법이다. 두 번째는 중요한 내용에 밑줄 등으로 표시하여 눈에 띄도록 하는 것이다. 글자 크기나 색을 바꾸는 것도 내용이 한눈에 띌 수 있으므로 효과적으로 사용한다.

상대방의 입장에서 생각하기

다른 사람과 의사소통을 할 때 상대방의 입장에서 생각하는 것은 매우 중요하다. 특히 민감한 사안일수록 더 중요하며, 단어 하나에서도 드러날 수 있으므로 말할 때뿐만 아니라 전화나 이메일을 사용할 때도 주의하도록 한다. 자신의 의견만 전달할 것이 아니라, 상대방을 충분히 배려하고 어떤 영향을 주는지를 미리 감안하여 대한다면, 상대방에게 원하는 결과를 더욱 쉽고 빠르게 얻을 수 있을 것이다.

요즘은 온라인으로 만나는 경우가 많기 때문에 내 감정이 전달되지 않을 것이라고 생각한다. 그러나 직접 얼굴을 보지 않기 때문에 오해나 예상치 못한 일이 생길 수 있음을 명심하자. 또한 전화나 이메일 등의 분위기에서도 여러 가지 감정을 느낄 수 있으므로, 항상 호의를 가지고 상대방과 연락할 수 있도록 노력하는 것도 중요하다.

상사에게 좋은 부하 직원 되기

직장 생활에서 일하는 것보다 더 힘든 것이 바로 인간관계이다. 특히 상대하기 쉽지 않은 상사를 만났을 경우에는 극단적으로는 퇴사를 고려할 만큼 힘든 일이 될 수도 있다. 그렇다면 어떻게 해야 상사에게 좋은 부하 직원이 될 수 있을까?

모든 사람들이 100퍼센트 나쁘다고 말하는 사람은 거의 없다. 상대방의 좋은 점을 한두 가지 찾다보면 그 사람에 대한 인상도 조금씩 바뀔 수 있다. 상사 역시 다른 직원들과 마찬가지로 신입사원을 거쳐 현재의 자리에 위치해 있는 것이므로, 일단 그의 능력을 존중해 주는 것이 중요하다. 상사가 있는 자리는 언젠가 내가 올라가야 할 자리라고 생각해 보자. 그의 입장에서 생각해 본다면 대부분의 경우는 이해할 수 있는 상황이 될 것이다.

간혹 인간적으로 도저히 참을 수 없는 상사들이 있다. 그러한 경우에는 다른 직원들과 뒤에서 험담만 할 것이 아니라 그 험담이 왜 나오는지를 좀 더 구체적으로 분석해 보자. 그리고 하나하나 고쳐갈 수 있도록 상사와 인간적인 관계를 쌓아보는 것은 어떨까. 세상에 모든 점이 나쁜 사람은 없다. 상사와 친해져서 나쁠 이유는 없지 않은가.

부하 직원에게 좋은 상사 되기

앞의 내용과 크게 다르지 않은 것으로, 무엇보다 역지사지의 입장을 가져보는 것이 좋다. 입사한지 얼마 되지 않아 사원에서 간부가 되었을 경우, 자신의 역할을 잘하는 사람이 있는 반면 그렇지 못한 사람도 있다. 이것은 역할에 대한 태도 자체에 문제가 있는 경우가 많다. 승진하여 보다 높은 자리에 있는 것은 그 사람이 해야 할 일과 책임감이 한 단계 업그레이드된 것이다. 그런데도 이를 간과하고 다른 사람보다 더 높은 위치에 있다는 것만 생각하기 때문에 일어나는 일이다.

자신이 일반 직원이었을 때를 생각하면서 다른 부하 직원을 대하고, 여전히 부하 직원의 마음가짐으로 상사를 대한다면 그 누구보다 겸손한 간부라는 평가를 받을 수 있을 것이다. 뿐만 아니라 업무 역시 승진하기 전처럼 최선을 다하고 능력을 인정받기 위해 노력한다면 더 높은 자리가 기다리고 있을 것이다.

동료들과 잘 지내기

회사에서 가장 중요한 것 중의 하나는 바로 인간관계이다. 회사에서도 다른 곳과 마찬가지로 자신의 노력 여하에 따라 인간관계가 달라질 수 있지만, 학교 등에서보다 평판을 중요시해야 하기 때문에 자신의 처세를 잘해야 한다. 시중에도 회사 사람들과의 관계에 대한 여러 가지 처세술 관련 책들이 많이 나와 있지만, 실제 생활에 활용하는 것은 쉽지 않다.

많은 사람들이 회사 동료들과는 친구가 될 수 없다고 말한다. 그러나 적지 않은 사람들은 퇴사 이후에도 지속적인 만남을 유지할 정도로 끈끈한 인간관계를 맺는 경우도 있다. 그렇다면 이 두 가지의 차이는 무엇일까? 바로 진심으로 대하는가 그렇지 않은가에 달려 있다. 아무리 둔한 사람이라고 해도 상대방이 나를 어떤 마음으로 대하는지는 어렵지 않게 알 수 있다. 단순히 사무적인 관계로만 나를 대하는지, 진심을 가지고 한 사람의 인간으로 대하는지는 본인의 경험을 살펴보아도 잘 알 수 있다.

반드시 어떤 비밀도 가지지 않고 자신의 모든 마음을 활짝 여는 것이 진심으로 대하는 것은 아니다. 다른 사람을 이용한다거나 자신의 편으로 만들기 위해 진실하지 않은 마음으로 웃음과 말을 건넬 것이 아니라, 한 사람의 인간으로 생각하고 진실한 마음으로 대한다면 사내에는 모두 당신의 친구만이 남아 있을 것이다.

능력 있는 후배 키우기

우리나라의 조직들은 권위주의가 강하기 때문에 윗사람들은 아랫사람의 능력을 달가워하지 않는다. 자신을 넘어설까 봐 두려워하는 것이 가장 크지만, 이것은 매우 좋지 않은 사고방식이다. 내 밑에 있는 후배가 나의 영향을 받아 능력을 키워나가 인정받는다면 그 후배 역시 선배의 마음을 잊지 않고 기억해 줄 것이다. 내가 발판이 되어 그 후배가 더 크게 발전할 수 있다면 보람이 될 수도 있지 않겠는가? 또한 능력 있는 후배를 억눌렀음에도 불구하고 후배가 인정받았을 경우는 직접적인 부분이 아니더라도 더욱 힘든 시간을 보내게 될 가능성 역시 적지 않다. 후배들의 능력을 본받으며 자신의 발전을 자극할 수 있도록 노력하자. 그럼으로써 우리는 자신을 도와줄 수 있는 후원자를 얻는 것은 물론, 세상을 사는 또 하나의 즐거움을 얻을 수 있을 것이다.

분과 초를 아끼는 시간 절약법

시간은 끊임없이 흘러가는 것이므로, 시간을 찾아내고 긁어모아 1초라도 아껴야 할 필요가 있다. 시간을 크게 절약해 보자는 생각보다는 단 1분, 10분 정도의 짧은 시간을 절약하기 위해 주의를 기울여야 한다. 시간을 절약하는 비결은 다음과 같은 3가지로 요약해 볼 수 있다.

1. 시간만 낭비하는 하찮은 일을 없앤다.

자신이 보낸 하루를 조용한 밤에 시간대별로 써보자. 아마 시간만 낭비된 하찮고 쓸데없는 일에 적지 않은 시간을 보냈음을 알 수 있을 것이다. 마음먹은 즉시 실행하기 어렵다면 그 시간을 조금씩 줄여보자. 불필요하다는 생각을 끊임없이 하게 되면 어느새 그 일을 하는 시간은 현저하게 줄어들어 있을 것이다.

2. 간단한 일부터 재빨리 끝내고, 시간이 걸리는 일은 나중에 한다.

간단하게 처리할 수 있는 일을 먼저 하게 되면, 시간이 걸리는 일은 오히려 마음이 가벼운 상태에서 시작할 수 있기 때문에 정신적인 부담이 적다. 일을 처리하는데는 마음가짐이 매우 중요하므로, 가벼운 마음으로 여유를 가지고 시작하면 오히려 예상한 시간보다 일이 더 빨리 끝난다는 사실을 알게 될 것이다.

3. 두세 가지 일을 동시에 하는 방법을 터득한다.

중요한 일의 경우에는 두세 가지를 동시에 할 수 없지만, 간단한 일이라면 동시에 할 수 있다. 서류 정리를 하는 시간에는 책상과 서랍 정리를 함께 할 수도 있으며, 연관된 일을 처리할 경우 충분히 그 일에 대해 파악이 된 상태에서 다음 일처리를 하면 더 쉽게 할 수 있다. 산만하게 여러 가지 일을 하는 것이 아니라 집중력을 강하게 하여 연관된 일을 함께 해보자.

16

돈을 아끼는 서류 관리

재사용이 가능한 서류철 만들기

점차 서류들이 온라인으로 관리되고 있지만, 아직도 서류철에 보관되어야 하는 것들은 적지 않다. 각종 청구서나 영수증, 자신의 메모 등을 바르게 정리하면 시간뿐만 아니라 돈도 함께 아낄 수 있게 된다.

서류철을 만들 때는 그 내용을 목록으로 적어 한눈에 알아볼 수 있도록 한다. 이렇게 정리해 두면 나중에 지난 서류를 파기하는 경우에도 서류철을 재사용할 수 있어 더욱 유용하다.

여러 가지 문서의 정리함을 만들어두는 것도 좋다. 서류철과 마찬가지로 이름표를 적어둔다면 관련된 문서를 찾을 때 더욱 효율적으로 이용할 수 있다. 정리함을 만들 때는 굳이 새로운 것을 사지 않아도 쓰지 않는 상자 등을 이용하면 환경이나 비용에도 도움이 될 것이다.

처음에는 정리하는 과정에서 시간이 들겠지만, 이는 나중에 들어가는 시간에 비하면 오히려 적다. 한 번만 수고를 한다면 이후에 들어갈 더 큰 수고를 크게 줄일 수 있다.

서류 기록으로 돈과 시간 벌기

은행이나 보험사 등 금융권의 경우, 통장이나 계약서를 분실하여 고객이 돈을 찾아가지 않는 경우가 매우 많다. 일반 은행에 예금한 돈이거나 적은 금액일 때는 관계가 없지만, 보험금 지급과 같은 부분은 매우 민감하다. 특히 약관을 확인해야 할 경우가 많아 그와 관련된 서류를 찾는데 많은 시간이 들 수도 있다. 이러한 시간 낭비를 하지 않도록 예금통장이나 보험증서 등 중요한 서류의 원본은 항상 지정된 자리에 안전하게 보관하는 것이 좋다. 가능하면 은행 금고 등을 이용하는 것도 좋다. 귀금속 역시 은행에 보관해 둔다면 장기간 집을 비울 때에도 한결 마음이 편안할 것이다.

이렇게 서류를 제대로 정리해 두고 그 사실에 대해 기록해 두면 보다 신속하고 정확하게 처리될 수 있다. 또한 각종 보험이나 연금 등에서도 많은 시간이 절약될 수 있다. 자신뿐만 아니라 가족의 협력을 얻어 관리한다면 더 큰 효과를 얻을 수 있을 것이다.

서류만큼 중요한 메모 관리

서류라고 하면 거창하고 규모 있는 것들을 생각할 수 있지만, 서류의 일부는 큰 메모이기도 하다. 이러한 메모를 효율적으로 관리하는 것 역시 시간과 노력을 절약할 수 있는 방법이므로 메모에 있어서도 좀 더 성의를 가지고 관리하는 것이 중요하다.

보통 많은 사람들은 메모를 할 때 주변에 보이는 종이에 필요한 내용을 적곤 하지만, 이것은 관리하기에 매우 좋지 않은 방법이다. 이면지로 생각하여 재활용해 버리거나 서류는 잘 정리해 두었는데 메모한 내용을 잊어버리면 나중에 필요할 때 어려움을 겪을 수 있기 때문이다. 그러므로 서류철 한편에는 작은 메모장을 마련해 두고 그와 관련된 메모들을 해두는 것이 좋다. 서류의 목차를 적어놓는 것도 좋으며, 담당자가 바뀌는 등의 필수적인 내용들도 작성해 둔다면 서류를 찾는 시간을 크게 줄여 업무에도 큰 효용성을 줄 것이다.

업무 단순화시키기

일을 하다보면 유난히 어려운 방법으로 처리하는 사람들이 있다. 단순한 방법으로 하면 간단히 해결할 수 있는 일을 왜 그렇게 어렵게 하는 것일까? 일의 단순화는 매일의 24시간 중에서 여유를 찾아내는 마술과 같은 것이다. 모든 업무와 활동에 적용할 수 있는 단순화는 어디서부터 시작해야 할까?

1. 매일매일 하는 일의 순서를 검토한다.

자신이 하는 일의 순서를 검토할 때는 시간대별로 행동을 기록하는 것이 가장 좋은 방법이다. 혼자서 자신이 없다면 동료에게 부탁하여 자신의 행동을 기록해 달라고 하는 것도 좋은 방법이다. 일의 순서를 검토할 때는 목적, 실행, 결과로 분류한 뒤, 그 과정과 결과에 대해 꼼꼼하게 검토해 본다.

2. 일을 하는 이유와 그에 따른 결과를 생각한다.

그 일은 왜 필요한가, 무엇이 그 일의 중점인가, 어디서 그 일을 하는 것이 좋은가, 그 일을 하는 최선의 방법은 무엇인가, 새로운 방법은 없는가 등에 대해 고민을 하고 이 과정에서 일을 더 정확하고 신속하게 처리할 수 있는 방법을 생각할 수 있다.

3. 새로운 방법을 찾아낸다.

일이 제대로 되지 않을 경우, 의문점을 메모한 뒤 멘토가 되어줄 상사나 동료를 찾아 함께 상의해 본다. 불필요한 세부적인 사항은 제거하고, 사소한 일은 단순화하도록 하며, 다음 일의 준비 시간을 계획적으로 비축해 둔다면 한때 포기했던 일들도 다시 할 수 있다는 자신감이 생길 것이다.

4. 새로운 방법을 응용해 본다.

위 과정에서 새로운 방법을 찾아냈을 경우, 즉시 활용하여 그 방법에 익숙해지도록 한다. 새로운 방법이 만족스러운 결과를 가져온다 하더라도 일이 제대로 진행되고 있는지를 확인하며 더 좋은 방법이 없는지 항상 탐구하는 자세를 갖도록 한다.

제3장

하루를 이틀처럼 늘려 사는 방법

그때그때에 따라 자신을 격려하면 할수록 당신의 목적은 보다 빨리, 보다 훌륭하게 달성될 것이다. — 필립 골드 스미스(줄러이스 카이저 CEO)

17

우선순위 결정하기

사소한 일을 멀리 하라

회사에서 부하 직원이 있다면 사소한 업무는 부하 직원에게 시키는 것이 좋으며, 집안에서 자질구레한 일은 아이들에게 시키는 것도 좋다. 만약 사소한 일이지만 자신이 해야 한다면, 이때는 일의 경중을 가려 일의 완성도를 결정하는 것이 좋다. 사소하다고 해도 중요한 일이 있을 수 있고, 사소하지 않아도 간단히 일을 끝낼 수도 있기 때문이다.

사소한 일로 인해 발생되는 불필요한 일들을 줄이면 적지 않은 시간을 아낄 수 있고, 그렇게 아낀 시간에는 다른 일을 하거나 자신만의 여가 생활을 할 수도 있다.

때로는 오늘 할 일을 내일로 미루자

일 중에는 미루는 것이 효과적일 때가 있다. 특히 시급을 다투는 급박한 일이 아니라면 결정을 미루는 것이 큰 도움이 될 수 있기 때문이다. 물론 실제 정해진 시간을 넘기는 것은 역효과를 불러일으킬 수 있지만, 결정에 대해 고민을 하게 되는 경우에는 하룻밤을 자면서 생각하는 것은 신선한 아이디어를 떠올리게 하는 한 방법이기도 하다.

근심거리는 쓰레기통으로

퇴근을 하고 집으로 돌아온 남편이나 아내가 가족에게 화를 내는 경우가 있다. 이는 회사에서 받은 스트레스를 가족에게 푸는 것으로 매우 좋지 않은 방법이다. 업무상의 문제를 가정으로 끌어들이는 것은 자신이나 가족을 위한 시간을 스스로 뺏는 것이다. 휴식을 취할 시간도 없고 업무상으로도 좋은 결과를 가져오지 않기 때문에, 이를 피하기 위해서 가장 중요한 것은 자신의 에너지 소비를 조절하는 방법을 배우는 것이다.

근심거리는 가장 큰 시간 낭비의 요인이다. 특히 그 근심이 가까운 시일 내에 이루어질 것이 아니라면 더욱 필요 없다. 일터에서 벗어나면 다시 사업장이나 사무실로 돌아갈 때까지는 그 일에 대해 생각을 하지 말자. 사람들은 근심거리가 있으면 근심거리 자체에 초점을 맞추는 경향이 있는데, 잠시 일을 잊고 정신을 맑게 한 다음에 일에 임한다면 더욱 성공적인 업무 성과를 이뤄낼 수 있을 것이다.

결단을 빨리 내리는 훈련

똑같은 사실에 대해 몇 번씩 되풀이하여 시간만 낭비하게 하는 우유부단함은 매우 좋지 않은 습관이다. 일단 자신에게 고민이 되는 내용을 종이나 화이트보드 등에 적어보도록 한다. 그리고 고민하는데 걸리는 시간을 재보고 자신의 문제점을 파악해 본다.

문제점을 파악했다면 결단을 빨리 내리는 훈련을 시작한다. 이 훈련은 일단 작은 일에서부터 시작하는 것이 좋다. 식당의 메뉴를 고른다거나 선물할 꽃의 종류를 고르는 일부터 시작한다면, 차츰 습관이 되어 중요한 일에도 결단을 빠른 시간 내에 할 수 있게 될 것이다.

의사결정 시간 단축하기

사무실이나 모임 등 조직과 가정의 모든 활동에서 집단적인 결정을 요하는 문제를 생각하거나 토론할 때 매우 많은 시간을 소비하게 된다. 다수결의 원칙으로 집단적인 의사결정을 해야 하기 때문에 시간이 더욱 걸릴 수밖에 없고, 때로는 지나치게 많은 시간이 의사결정에 소비되기도 한다.

회사에서 의사결정을 빨리 내리는 방법 중 하나는, 점심시간 직전이나 오후 늦게 회의를 소집하는 것이다. 왜냐하면 의사결정을 빨리해야 다음 스케줄에 지장이 없기 때문이다. 회의를 마치고 점심을 먹든, 퇴근을 하든 해야 하니까 다른 때보다 안건에 더욱 집중하게 되고 결과적으로 의사결정이 빨리 이루어진다는 것이다. 이는 시간이 빠듯하면 당면한 문제에 더욱 집중할 수 있다는 사실을 시사한다.

회의시간 단축하기

회사에서 하는 수많은 회의는 제안자를 제외하고는 큰 준비 없이 참석하는 것이 대부분이다. 회의를 하기 전에 다음과 같은 과정을 통한다면 회의는 더욱 쉽고 빠르게 진행될 것이다.

1. 의제를 주의 깊게 검토한다.
2. 가능한 해결책을 생각해 본다.
3. 권고안을 준비해 둔다.

이러한 방법을 이용한다면 대부분의 회의가 개인 면담이나 전화 통화 등으로 해결될 수 있다는 사실을 알 수 있다. 그렇게 되면 많은 시간을 줄일 수 있을 뿐만 아니라 개인적인 시간이 많아져 보다 능률적인 업무 수행을 할 수 있을 것이다.

한 번에 한 가지 일하기

최대의 시간 절약은 한 번에 여러 가지 일을 하는 것이 아니라 한 번에 한 가지 일을 하는 것이다. 한 가지를 완성할 수 있도록 스스로를 훈련시킨다는 것은, 자신의 정신을 훈련시키는 좋은 방법이다. 자신의 일을 끝까지 완성할 줄 아는 능력은 일을 잘하는 것보다 중요하다. 의지력이란 일을 하지 않고 놓아두면 감퇴하는 것으로, 일을 통해 의지력도 함께 키울 수 있다면 일거양득의 효과를 얻을 수 있을 것이다.

미국의 34대 대통령인 아이젠하워는 한 번에 한 가지 일만 하는 원칙을 철저히 지킨 사람으로, 그날 시작한 일은 그날 끝냈으며 당장 처리해야 할 일을 뒤로 미루는 것을 결코 용납하지 않았다.

한 번에 한 가지 일을 한다고 하면 일할 때는 열심히 일하고 놀 때는 마음껏 노는 것으로 해석하기 쉽다. 한 번에 한 가지 일에 집중하는 것은 그만큼 최선을 다한다는 뜻이다.

일의 진행 방법 바꿔보기

모든 일에 열의를 가진 어떤 사람들은 일의 중요성이나 난이도에 관계없이 모두 똑같은 방식으로 일하곤 한다. 처음 일을 시작한지 3시간 뒤에는 그 일에 대해 10분이라도 작업의 변화에 대해 생각해 보는 것이 좋다. 그 10분은 휴식의 의미가 아니라 더 효율적인 방법은 없는지를 생각해 보는 것이다. 이것은 일의 완성을 위해서도 좀 더 시간을 활용할 수 있는 방법이기도 하다.

피로는 한순간에 온몸으로 퍼지는 것은 아니다. 근력강화훈련도 매일 하면 오히려 근육에 피로가 누적되는 것처럼, 일 역시 마찬가지이므로 다른 일과 번갈아 한다면 오히려 새로운 아이디어가 샘솟아 효율적인 시간이 될 수 있다. 일반적으로 사람들은 일의 단조로움을 싫어하기 때문에 한 가지 일에서 다른 일로 중점을 변경하는 것은 능률 저하를 극복하는데 큰 도움이 된다.

일상적인 일은 신속하게

대부분의 사람들은 회사나 가정에서 매일 똑같은 일을 반복하고 있다. 결국 일정한 일과를 가지고 있는데, 이를 통해 시간을 절약할 수 있다. 만약 일과를 신속하고 효과적으로 관리하는 훈련을 쌓는다면, 절약되는 시간에 흥미 있고 창조적인 일을 할 수 있다.

자신의 일에 성공한 사람들도 다른 사람들과 똑같은 시간을 사용하고 있다. 누가 시간을 가장 적절하게 활용하는가가 성공의 비결이 된다. 일상적인 일을 재빨리 끝낼 수 있도록 시간 관리나 계획표 등을 이용하여 최소 10일 정도 테스트를 해본다. 그 효과가 나타난다면 당신은 절약된 시간에 이미 다른 일을 하고 있거나 휴식을 취하고 있을 것이다.

우선순위 파악 지수

우선순위는 결단력과 깊은 관계를 가지고 있다. 다음 질문에 대해 '예.' 또는 '아니오.' 로 대답해 보자.

1. 오늘 해야 할 일을 정리한 목록이 있다.
2. 일에 따라 중요성의 기준을 판단할 수 있다.
3. 좋아하는 일과 싫어하는 일이 있을 때 싫어하는 일부터 한다.
4. 일을 할 때는 일과표에 따라 한다.
5. 남의 부탁을 정중히 거절할 수 있다.
6. 시간에 대한 아쉬움을 자주 가진다.
7. 이미 지난 일은 후회하지 않는다.
8. 뷔페 식당에 가면 음식을 잘 골라먹는다.

9. 가장 기본 목표는 업무이다.

10. 생활이 규칙적이고 체계적이다.

위 10가지 항목 중에서 '예.' 가 7개 이상이면 우선순위를 정하는 능력이 뛰어나다고 볼 수 있으며, 5가지 이상이면 보통, 3가지 이상이면 우선순위를 정하는 능력이 부족하다고 할 수 있다.

18

가장 쉽고 효과적인 자기계발, 독서

효과적인 독서 방법

독서는 가장 중요한 생활 기술의 하나이다. 독서 능력에서 단어의 이해 속도는 매우 중요하다. 자신의 독서 능력을 증진시키기 위해서는 다음과 같은 세 가지 방법을 활용하는 것이 좋다.

첫째는 독서 시간을 좀 더 늘리는 것이고, 둘째는 읽을 책을 주의 깊게 선택하는 것이며, 셋째는 독서 속도를 빨리 할 수 있도록 노력하는 것이다. 이를 항상 기억하면서 독서를 생활화하는 사회인이 되도록 하자.

읽을 책은 신중하게

서점에 가보면 다양한 분야에 걸쳐 셀 수도 없을 만큼 많은 신간이 쏟아져 나온다. 아무리 독서 속도가 빨라도 이 많은 책을 다 읽는 것은 불가능하므로, 자신이 흥미를 가지고 있는 책을 중심으로 집중하여 독서하는 것이 좋다.

신문도 두 종류 이상을 구독하는 경우에는 한 가지만 선택하는 것이 좋다. 한 가지 신문만 읽고 나머지 시간에는 새로운 지식을 줄 수 있는 다른 책을 읽도록 한다. 신문 외에도 뉴스나 잡지를 활용하여 세계정세, 장래 전망, 의식 등에 대해 많은 것을 듣고 보도록 한다. 쉽게 지나칠 수 있는 서평 역시 읽는 것이 좋다. 좋은 비평은 미처 알지 못했던 책의 중요성을 인지시켜주기도 한다.

읽는 속도를 향상시키기

독서를 할 때 과학적인 방법을 사용하면 누구나 독서 속도를 높일 수 있고, 독서 의욕 역시 크게 향상시킬 수 있다. 독서를 할 때 가장 중심이 되는 것은 바로 눈(eye)으로, 시력이 나쁜 경우에는 반드시 안경을 끼고 독서하도록 한다.

눈은 6개의 섬세한 근육에 의해 조정되고 있으며, 그 근육은 눈이 글씨를 볼 때 멈추거나 응시하는 등의 움직임을 관장한다. 눈이 한 번 보는 동안 눈에 들어오는 글자 수가 독서의 속도이며, 그때 눈에 들어오는 것이 뇌로 보내져 해석되는 것이다.

속도가 더딘 경우에는 1분에 150단어, 보통의 경우에는 250단어, 속독이 가능한 경우에는 700단어까지 늘어난다. 극히 소수지만 일부는 1분간에 1,000~1,800단어라는 엄청난 양을 읽기도 한다. 빨리 읽는다고 해서 눈에 해가 되는 것은 아니며, 오히려 숙련된 속독은 눈의 피로를 방지하기도 한다.

간편한 다이제스트 책

좋아하는 책을 모두 읽으려면 시간이 오래 걸리는 경우, <리더스 다이제스트>나 <시간요람> 등을 이용하는 것도 좋다. 지금 언급한 두 개의 잡지는 국민적 주목의 대상이 되고 있는 여러 단행본을 요약 게재하고 있다. 우리나라에서도 베스트셀러나 분량이 많은 책을 요약본으로 재출간하는 경우가 많으므로, 이러한 책을 이용한다면 독서할 때 시간을 많이 절약할 수 있다.

음악에도 다이제스트가 적용되어 <라즈너스 다이제스트>라고 불리우는 RCA 빅터 레코드 앨범은 5시간 50분이나 걸리는 클래식 음악을 절반 이하의 시간으로 압축시키고 있다. 즉, 듣고 싶은 마음이 있어도 어떻게 시작해야 할지 모르는 사람들을 위해 짧은 시간에 좋은 음악을 감상할 수 있게 해준다.

책과 인생의 공통점

책은 저자의 생각과 경험이 녹아 있어 그의 생활을 엿볼 수 있다는 매력이 있다. 이처럼 책은 인생과 여러 가지 공통점을 가지고 있다. 책의 내용을 이해하기 위해서는 노력이 필요하고, 인생을 의미 있게 살아가기 위해서도 노력이 필요하다. 또한 좋아하는 분야의 책은 찾아가며 읽는 것처럼 좋아하는 일을 하면 인생이 즐거워진다. 책을 읽는 목적은 그 과정을 즐기는 것이고, 인생의 목적 역시 어떻게 살아가는가에 달려 있다는 것 역시 공통점이다. 책과 인생의 공통점은 이 외에도 여러 가지가 있지만, 그것은 책을 읽어가면서 찾아야 할 또 하나의 즐거움이다. 많은 책을 읽으면 다양한 인생을 경험할 수 있어 독서는 아무리 강조해도 지나치지 않은 것이다.

언제 어디서나 독서 시간 만들기

책을 많이 읽는 사람은 가장 바쁜 사람들이다. 즉, 바쁜 시간 내에서도 독서 시간을 스스로 만든다는 것이다. 5분이 쌓여 50분이 되는 것처럼 짧은 시간이라도 다음과 같은 방법으로 책을 읽는 습관을 갖도록 노력한다.

1. 읽고 싶은 책을 항상 눈에 잘 띄는 곳에 놓아둔다. 외출할 때도 한 권 정도는 들고 나가는 습관을 가진다.

2. 머리맡이나 침대 옆에 늘 책을 두고 잠이 오지 않을 때 읽도록 한다.

3. 부엌, 전화기 옆, 욕실 등에도 책을 놓아둔다. 가십거리를 다룬 잡지보다는 양서를 읽는 것이 자신을 위해 유익하고 즐거움도 크다.

4. 병원에 문병을 가거나 미용실 등에 갈 때에 읽을 책을 가져간다. 기다리는 시간이 있는 약속 장소로 갈 때에도 반드시 읽을 책을 휴대한다.

5. 길이 자주 막히는 곳이나 차 수리 등 대기 시간이 긴 경우에도 항상 읽을 책을 가지고 다닌다.

독서할 때의 주의점

1. 독서를 할 때는 목적을 정하고 읽는 것이 좋다. 주제에 흥미를 갖게 되면 내용도 더욱 잘 기억된다.

2. 집에서라도 소리 내어 읽는 것은 좋지 않다. 자신도 모르게 입술을 움직여 읽는 경우가 있는데, 이는 의식적으로 고칠 수 있도록 노력한다.

3. 한 글자씩 읽는 독서법을 피하고 문장 전체를 읽을 수 있도록 훈련한다. 훈련이 쌓이게 되면 손쉽게 읽을 수 있다.

4. 조금이라도 빨리 읽기 위해 노력하며, 빠뜨린 것이 있다면 그 책을 다시 읽으면서 발견하는 것이 좋다. 가족이나 친구들과 책의 내용에 대해 서로 의견을 나누는 것도 좋은 방법이다.

5. 독서를 하면서 글을 써넣는 것은 좋은 습관이다. 책을 지저분하게 만들 수 있으나 이해를 도와줄 것이고, 책의 요점을 더 빨리 이해할 수 있다.

6. 중요하지 않은 부분은 건너뛰고 읽는 독서법은 매우 효율적이다. 불필요한 부분이라고 생각되면 그냥 지나쳐 버린다.

7. 책을 빨리 읽는 방법 중 하나는 긴 문장의 중심이 되는 내용의 개념을 파악하는 것이다. 문장 구성을 분별하는 공부를 하면 더욱 도움이 된다.

8. 독서를 하면서 분석 · 비판 · 예견 · 선택 · 비교 · 감탄하지 않는다면 책을 읽는 것은 생활에 도움이 되지 않는다.

9. 독서의 속도는 읽는 내용에 따라 차이가 생기지만, 쉬운 것부터 읽으면서 점차 독서의 속도를 늘리면 효과적으로 능률이 상승된다.

19

아끼고 아껴야 할 나의 24시간

신비로운 시간의 힘

시간은 막연한 것처럼 느껴지지만 그렇기 때문에 더 소중하게 다루어야 한다. 그렇다면 시간 대신 쓸 수 있는 말은 무엇이 있을까? 바로 인생이다. 시간은 인생이고, 그렇기 때문에 우리는 시간을 최대한 활용하여 가치 있게 사용해야 한다. 어떤 방법으로도 통제할 수 없으며 그저 일정하게 흐르는 시간의 가치를 충분히 파악하고 가장 소중한 재산으로 여기자. 시간의 소중함을 좀 더 알기 위해서는 아이러니하지만 후회를 해보면 된다. 과거에 흘려보낸 시간을 후회하면서 앞으로 다가올 시간을 더욱 보람 있게 이용해 보도록 하자.

돈보다 가치 있는 시간

시간은 돈이라는 말이 있지만, 사실 시간은 돈보다 훨씬 가치가 있다. 그런데 일부 사람들은 시간의 소중함을 깨닫지 못하고 낭비하는 경향이 있다. 특히 청년 시절에는 의욕에 넘쳐 이것저것 하려다 아까운 시간을 함부로 써버리기도 한다.

성공한 사람들을 보면 대부분 연령에 관계없이 항상 뚜렷한 인생 목표를 가지고 그것을 위해 매진한다. 세상의 모든 자원을 활용할 수 있는 토대가 되는 시간을 소중히 여길 수 있도록 그 가치를 항상 잊지 말자.

시간을 낭비하는 사람, 시간을 아끼는 사람

우리의 생활을 풍요롭게 해줄 수 있는 친구는 바로 시간을 절약할 줄 아는 사람이다. 소위 친구라고 하는 사람들 중에서도 방해가 되는 사람이 많다는 것은 안타깝지만 사실이다. 그렇다면 어떻게 해야 시간을 절약할 줄 아는 친구를 찾을 수 있을까?

일단 친구들을 노력형과 게으름뱅이형으로 나누고, 노력형에는 플러스 부호를, 게으름뱅이형에는 마이너스 부호를 매긴다. 모두 플러스로 표시된다면 행복한 사람이지만, 만약 마이너스가 많다면 그 사람들은 당신의 정력과 시간을 낭비시키고 있다는 사실을 깨달아야 한다. 20퍼센트가 마이너스라면 당신의 생활 역시 20퍼센트 낭비되고 있는 것이다.

플러스인 친구를 좀 더 가까이 하고, 마이너스인 친구를 멀리한다면 그만큼 당신의 생활 역시 풍족하고 충실해질 것이다. 진정한 우정이 생길 가능성이 없는 사람들과 교제하는 것은 시간을 낭비하는 일이다.

게으름뱅이 친구 알아내기 테스트

1. 만날 때 늘 불만스러운 얼굴을 하고 있는가? 그리고 만나면 가장 먼저 무언가에 대한 불평을 하는가?

2. 이야기를 할 때 살인사건, 세금, 전쟁, 정치 등 부정적인 이야기만을 하는가? 당신의 일이나 스케줄에 대해 무시하고 자신의 이야기만 늘어놓고 있지는 않은가?

3. 작은 게임을 할 때도 이기려고 지나친 태도를 취하지 않는가?

4. 모든 일에 비관적이며 소극적인 이야기만 하려고 하지 않는가?

5. 강요하거나 충고하는 말투나 태도로 이야기하려 들지 않는가?

6. 소극적이며 침울한 성격을 가지고 있지 않은가?

이 중에 한 가지라도 해당된다면 그 친구와의 교제는 다시 한 번 고려해 보는 것이 좋다. 우정은 생활을 뜻있게 만드는 영원한 인연이므로 그 선택이 무엇보다 중요하다.

교제 시간 절약하기

사람을 사귄다는 뜻의 '교제'는 1분 1초가 뜻깊은 경우도 있지만 한편으로는 적지 않은 시간 낭비가 되는 경우도 많다. 대부분의 사람들은 교제관계의 스케줄을 매우 가볍게 생각하기 때문에 막대한 시간을 낭비하곤 한다.

시간 낭비를 하는 가장 큰 원인 중 하나는 모임 중에 먼저 자리를 뜨지 못하는 것이다. 처음에 '조금 있다가 돌아가야 합니다.'라고 말하고 나서 집으로 돌아가기 위해 문을 나서는 순간까지 한 시간 이상이나 걸리는 경우를 흔히 볼 수 있다.

물론 예의에 벗어날 만큼의 시간은 곤란하지만, 자신이 가도 된다고 생각한 시간이라면 빨리 그 자리에서 일어나는 것이 좋다. 늦게까지 남아 있다고 해서 그 사람과의 교제가 깊어지는 것은 아니며, 자신과 상대방에게 피로를 남길 수도 있다.

'아니오.'라고 말하는 기술

사람과의 관계에서 '아니오.'라고 말하는 것을 배워 두는 것은 매우 중요한 기술이다. 무슨 일이나 거절하지 못하고 '네.'라고 대답하여 스스로 혼란에 빠지는 경우가 많기 때문이다. '아니오.'라는 말은 더 중요한 일을 위해 시간을 절약할 수 있고, 어떤 의미에서는 자신의 생활에 대해 강한 의지를 보여줄 수도 있다. 순간을 모면하기 위해서 '아니오.'라는 대답 대신 '네.'라는 대답을 하고 후회하는 일이 없도록 하자.

잡동사니 줄이기

생활주변을 어지럽히는 것은 그만큼 시간을 낭비하는 셈이다. 소중하게 간직했다고 생각한 것들 중에는 미련 없이 버릴 수 있는 물건들이 매우 많다. 자신도 모르는 소유욕에 사로잡혀 많은 시간을 빼앗기고 결국 소유하고 있는 물건 때문에 다른 일을 할 수 없게 되는 것이다.

예쁜 병이나 종이 상자, 입지 않는 옷 등 자신의 주위에 눈을 돌려보면 쓸모없는 것들이 자리를 차지하고 있음을 알 수 있다. 이러한 잡동사니들을 깨끗하게 치워버리면 기분도 시원할 뿐만 아니라 공간도 여유가 생기고 물건을 찾느라 소모되는 시간 역시 매우 절약될 것이다.

삶의 원칙 정하기

살아가는 데는 자신만의 원칙이 필요하다. 그것이 일찍 일어나자, 운동을 하자 등 간단하고 일반적인 것이라고 하더라도 자신에게 원칙이 될 수 있다면 충분하다. 욕심이나 경쟁에서 흔들리지 않을 수 있는 양심적이고 자존심과 관련된 내용이라면 더욱 좋다. 한 가지 원칙을 정하고 그것만은 지키겠다고 결심한다면 훨씬 삶이 윤택해지는 것을 느낄 수 있을 것이다. 지금 당장 삶의 원칙을 정할 필요는 없으며, 한 번 세운다고 해서 죽을 때까지 지켜야만 하는 것은 아니다. 단지 지금 생활을 지켜줄 수 있는 견고한 한 마디면 충분하다.

시간 관리의 효과

1. 시간을 효율적으로 쓴다.
2. 제한된 시간에 탁월한 결과를 얻을 수 있다.
3. 여유 있게 목표를 이룰 수 있다.
4. 규칙적인 생활 습관을 가질 수 있다.
5. 업무 시간 외에 자유 시간을 많이 낼 수 있다
6. 합리적이고 창의적으로 생각할 수 있다.
7. 더 높은 부가가치를 얻을 수 있다.
8. 목표한 바를 이룰 가능성이 높아진다.
9. 결단력을 기를 수 있다.
10. 자투리 시간을 잘 활용할 수 있다.

정신을 집중시키는 요령 7가지

사람은 정신이 산만해지기 쉬운 인간이기 때문에 일을 단시간에 완수하기 위해서는 뚜렷한 행동 의욕을 갖는 것이 필수적이다.

1. 지금 하고 있는 일의 상황을 상세하게 관찰한다.

2. 머릿속에 떠오르는 여러 가지 사실을 관련시켜 재빨리 파악한다.

3. 파악하고 있는 사실을 모든 각도에서 생각한다.

4. 지금부터 하려고 생각하는 일과 그것을 어떻게 하면 좋을지 마음속에 청사진을 그려본다.

5. 그 일의 1단계를 완수하면 즉시 다음 단계로 넘어갈 수 있는지, 논리의 일관성을 가지고 생각해 본다.

6. 자신의 힘이 미치는 범위에서 생각하고 있는지 검토한다.(좁은 범위에서 빈틈없이 하는 것이 좋은 결과를 얻을 수 있다.)

7. 정신이 산만해지는 것을 막기 위해 지금 당신이 당면하고 있는 문제의 어디에 흥미를 느끼는지 연구한다.

20

여가 시간 활용하기

회사 일만 하지 마라

새로운 일을 해보라는 조언을 들으면 대부분의 사람들은 지금도 바쁘다고 말한다. 영어 공부를 하는 것도 책을 보는 것도 운동을 하는 것도 회사일이 너무 바빠서 할 수 없다는 것이다. 하지만 정말 그렇게 바쁜 것일까? 하루를 꼼꼼하게 점검해 본다면 이내 그렇지 않다는 사실을 알 수 있다. 부족한 건 다른 일에 대한 열정일 뿐 회사일이 많은 것이 아니다.

물론 정말 회사 일이 너무 많은 경우도 있다. 매일 야근과 철야를 해도 일이 끝나지 않는다면 스스로를 점검해 보아야 한다. 자신의 한계를 넘어서는 일을 하는 것은, 능력을 보여주는 것이 아니라 자신의 몸과 마음을 망가뜨리는 것이기 때문이다. 조용히 상사에게 업무 분담을 요청하거나 자신의 스케줄을 정리하여 할 수 없는 일은 다른 사람에게 넘기는 것이 좋다. 회사 일만 아는 사람은 오히려 회사에서도 인정받기 어려우며 그 능력을 인정받기는 더 어렵다는 사실을 기억하자.

관심을 넓혀라

관심을 넓힐수록 얻을 수 있는 수확은 많아진다. 가지고 있는 재능과 창조력을 동원하여 관심을 발전시킨다면 여가 시간은 더 알차고 보람 있게 된다. 일단 하고 싶다고 생각하는 일을 모두 적어본다. 그리고 그것을 어떻게 하면 잘할 수 있는지를 생각한다. 그 중 여가 시간을 이용하여 그 일들을 한다면 생활에 대해 더 큰 열정을 가질 수 있을 것이다.

이때 관심은 사회적 연관을 가지고 있는 활동이 좋다. 당신이 그것과 함께한다면 더 많은 사람들에게 도움이 될 것이고, 당신 자신의 관심을 넓혀가는 것 또한 가능하기 때문이다. 시간과 노력, 창조력의 일부를 이렇게 쓴다면 매우 큰 결실을 얻을 수 있을 것이다.

새로운 세상을 보여주는 취미생활

취미란 놀라운 작용을 한다. 게다가 이 취미를 위해 들인 노력은 그 과정에서도 매우 큰 보람과 결실을 준다. 단순한 오락이 아니라 연구하거나 공부하는 자세로 진심을 다한다면, 어느새 아마추어 이상의 실력을 갖게 될 수 있다. 미술 · 어학 · 문학 · 사진 · 운동 등 수많은 분야가 있으므로, 평소에 관심 있던 부분으로 능력을 표출해 본다.

취미생활은 여가 시간을 보람 있게 해줄 뿐만 아니라 새로운 것을 배우는 즐거움도 준다. 또한 은퇴 후를 대비하여 또 다른 길을 보여줄 수도 있기 때문에 여러 가지 방향에서 고민하고 결정하는 것이 좋다.

여가 시간의 최고봉, 여행

여행은 기분 전환을 가져오는데 가장 좋은 방법이다. 여행을 가기로 결정했다면 여행의 계획을 세우는 것은 매우 중요하다. 미리 여행 계획을 세우거나 준비하면 그것은 그 이상의 가치가 되어 돌아오기 때문이다. 시간 단위로 세세한 계획까지는 세우지 않더라도 반나절 계획 정도는 세우는 것이 좀 더 알찬 여행이 될 수 있다.

낯선 곳으로 여행을 갈 때는 계획과 함께 반드시 준비해야 하는 것이 목적지가 잘 나타나 있는 지도이다. 지금은 인터넷을 이용하여 세계 각지의 정보를 얻을 수 있으므로, 이용하고자 하는 비행기 · 버스 · 기차의 시간표를 미리 알아두는 것도 좋다.

내가 좋아하는 일 찾기

아무리 생각해도 여가 시간에 해야 할 일을 찾을 수 없는 사람이 있다. 자신이 하고 싶은 일이 무엇인지 모르는 것이다. 이럴 때는 어렸을 때 잘한다는 이야기를 들었던 부분에 대해 생각해 보자. 어떤 사람은 달리기를 잘하여 반 대표로 활동한 적도 있을 것이고, 어떤 사람은 그림을 잘 그렸다는 칭찬을 받은 적도 있을 것이다. 또한 글쓰기를 즐겨했을 수도 있다. 이러한 부분을 곰곰이 생각한다면 자신을 되돌아보는 시간이 될 뿐만 아니라 유용한 취미생활을 한 가지 정도는 발견할 수 있을 것이다.

봉사활동으로 내 안의 가치 찾기

요즘 중 · 고등학생뿐만 아니라 대학생 · 일반인에게도 봉사활동은 의무 사항이 되었다. 규모가 있는 회사는 물론 작은 회사에서도 봉사활동을 다 같이 하는 경우가 적지 않다. 봉사활동은 사회의 구성원으로서 자신의 가치를 찾는 가장 좋은 방법이다. 봉사활동은 거창한 것이 아니다. 길에서 휴지를 줍고 어려운 사람에게 후원금을 내는 것도 봉사활동의 일부이다. 목표를 높게 잡는 것보다는 자신이 손쉽게 할 수 있는 것부터 시작하여 차근차근 넓혀가는 것도 좋다. 쉽고 가치 있는 봉사활동을 찾아 자신의 가치를 높여보자.

항상 배우는 자세 갖기

하루에 열 시간을 놀았을 때 뿌듯한 기분을 느껴본 적이 있는가? 종일 놀기만 했다면 아마 오히려 불안함을 느낄 것이다. 그러나 공부는 하루에 한 시간만 해도 뿌듯함을 느낄 수 있을 것이다. 그렇다면 여가 시간에 무엇을 해야 할지는 명확해진다.

많은 사람들이 대학을 졸업하면 공부는 끝이라고 생각한다. 그러나 요즘은 대학교를 졸업했어도 평생 공부는 필요하다. 사이버 대학이나 방송통신대학을 다니는 것도 좋고, 대학원에서 심도 있는 공부를 하는 것도 바람직하다. 어학원이나 사회교육원을 다니며 새로운 공부에 도전해 보는 것도 좋다. 가능하면 배움과는 멀어지지 않는 것, 이것이 발전하는 사회인의 기본이다.

노후 준비하기

우리나라의 평균 수명은 80세를 향해 가고 있다. 은퇴 후 노후를 걱정하는 것은 부모님이나 어르신들의 일만은 아니다. 우리도 언젠가는 나이가 들고 은퇴를 할 것이기 때문이다. 노후를 준비하기 위해서 저축하는 것은 필수지만, 그것이 전부는 아니다. 노년의 시간을 어떻게 보내야 할 것인지에 대한 계획 역시 반드시 세워두어야 한다.

현재의 나이가 30대 혹은 40대라면 지금 좋아하는 일에서 전문가가 될 수 있도록 노력하는 것도 좋다. 돈은 소모되는 것이지만 능력은 축적되는 것이기 때문이다. 전문가가 되면 노후 걱정은 더 이상 하지 않아도 된다. 자신이 하고 있는 업무에서도 전문가가 될 수 있으며, 취미생활을 꾸준히 함으로써 전문가의 길을 걸을 수도 있다. 지금부터 부단히 노력하여 노후를 헛되이 보내지 않도록 준비하자.

텔레비전 시청

텔레비전은 보는 즐거움을 주는 동시에 시간의 낭비이기도 하지만, 현대인에게는 세상을 보는 또 다른 눈이기도 하다. 인기 드라마를 보지 않으면 대화에 끼지 못하기도 하고, 시사 프로그램이나 다큐 프로그램은 책에서 볼 수 없는 것들을 가르쳐주기도 한다. 텔레비전에서 도움이 되는 프로그램만을 볼 수 있는 방법은 다음과 같다.

1. 매일 신문에 나와 있는 텔레비전 프로그램을 읽어보고 봐야 할 프로그램을 정한다. 케이블 TV 등으로 내용이 방대할 때는 관심 있는 채널을 중심으로 꼭 보고 싶은 프로그램만을 시청할 수 있도록 계획을 세워두는 것이 좋다.

2. 시청한 프로그램에 대해 별점을 매겨본다. 좋았다고 생각되는 프로그램에는 별을 많이 주고, 시간이 낭비되었다고 생각하는 프로그램에는 별을 주지 않는다. 자신에게 납득이 되는 평가라면 텔레비전으로 시간을 낭비하는 일이 줄어들 것이다.

3. 심심하다고 텔레비전을 틀어놓지 않는다. 요즘은 많은 가정에서 텔레비전을 없애고 있다. 이러한 극단적인 방법은 사용하지 않더라도 항상 텔레비전을 틀어놓음으로써 다른 일에 방해가 되지 않도록 하는 것이 좋다.

21

자투리 시간 아끼기

의미 있는 시간 만들기

가족과 만나는 시간은 퇴근 시간이 한참 지난 후일 것이다. 몸도 마음도 매우 지쳐 있기 때문에 집에서 저녁 식사를 한 뒤에도 피로는 가시지 않는다. 그리고 잠시 텔레비전을 보거나 멍하게 쉬다가 내일을 준비하는 마음으로 잠자리에 든다. 이렇게 가장 소중한 퇴근 후 시간은 별 의미 없이 지나가 버리고 만다.

물론 친구를 만나거나 애인과 데이트를 할 수도 있으며, 황금 같은 주말이 남아 있다. 하지만 이 시간 역시 특별한 의미 없이 흐지부지 지나갈 수 있으며, 이러한 시간들이 쌓이면 순식간에 세월은 흘러간다.

처음부터 모든 시간을 훌륭하고 풍요롭게 보내는 것

은 어렵다. 처음에는 주 3회의 밤 1시간을 모든 시간 중에서 가장 중요한 시간이 되도록 노력해 보자. 그리고 시간을 늘려가며 그동안을 충실히 보낸다면 의미 있는 시간이 점점 늘어날 것이다.

기다리는 시간 없애기

약속 시간이 되면 어떤 사람은 30분 전에 나와 있기도 하고, 정각에 나오기도 하며, 30분 뒤에 나오기도 한다. 다른 사람을 기다리는 준비를 하는 경우도 있고, 제 시간에 나오는 것이 습관이 되지 못하여 그런 경우도 있다. 하지만 시간은 누구에게나 소중한 것이므로 시간 약속을 지키는 것은 현대 사회인이 지녀야 할 필수 매너이다.

시간 약속을 할 때는 막연하게 할 것이 아니라 분 단위까지 정확하게 하는 것이 좋다. 그렇게 하면 약속을 해도 시간 낭비를 하지 않게 되며, 상대방이 약속을 지키지 않았을 경우 개선을 요청할 수도 있다. 습관적으로 약속을 지키지 않거나 늦는 사람은 사회생활 역시 제대로 하지 못할 경우가 많으며, 사업관계에 있는 경우라면 다시 한 번 관계를 생각해 볼 수 있다.

자투리 시간을 아껴주는 예약 습관

미리 예약을 해두면 기다리지 않아도 될 일을, 그렇게 하지 않기 때문에 시간을 낭비하는 경우가 매우 많다. 예약 서비스를 이용함으로써 1분으로 1시간을 아끼는 습관을 갖도록 하자.

1. 미용실 : 단골 미용실이 있다면 반드시 예약을 하고 방문하도록 한다. 특히 사람이 많이 몰리는 주말의 경우, 미리 예약한다면 대기 시간을 줄일 수 있다.

2. 레스토랑 : 아무리 맛있고 유명한 집이라고 해도 미리 예약한다면 대기 시간을 최소화하여 이용할 수 있다.

3. 티켓 : 음악회, 영화관, 기차역이나 버스 터미널에서도 많은 사람들이 줄을 서 있다. 전화나 인터넷 등으로 예약을 하고 간다면 줄을 서서 기다리는 시간을 줄이는 것은 물론, 할인 혜택과 일정 조절까지 할 수 있어 매우 효과적이다.

4. 자동차 : 수리나 검사를 받을 때는 적지 않은 시간이 소요된다. 미리 전화를 걸어 시간 예약을 해놓는다면 단시간에 일이 해결될 수 있을 뿐만 아니라 소요 시간도 정확히 알 수 있어 많은 시간을 절약할 수 있다.

5분을 아끼는 습관

부득이하게 누군가 또는 무엇을 기다려야 할 경우, 그 시간조차 알뜰하게 보내는 것이 좋다. 항상 책을 갖고 다닌다면 기다리는 시간 동안 책을 읽을 수 있을 뿐만 아니라 그 시간을 지루하지 않게 보낼 수 있다. 또한 요즘 e-book 등을 이용하거나 스마트폰을 이용하여 다음 일정을 계획하는 것도 자투리 시간을 활용하는 좋은 방법이다.

이 외에도 자투리 시간을 명상의 시간으로도 활용할 수 있다. 조용한 곳이라면 잠깐 눈을 붙이고 휴식을 취할 수도 있으며, 앉아 있는 곳에서 생각을 차분하게 정리해 볼 수도 있다.

시간을 활용하는 것은 자신에게 달려 있으며, 어떻게 보내는가에 따라 소중한 5분이 될 수도, 헛된 5분이 될 수도 있다. 자투리 시간에 할 수 있는 일을 처음 찾기가 어렵지 한 번 찾기 시작하면 아이디어는 연달아 떠오르기 때문에 오히려 자투리 시간에 더 많은 일을 할 수도 있다.

분 단위로 관리하기

얼마 전, 시테크와 초테크가 유행한 적이 있다. 육상이나 수영대회에서는 0.1초로 승부가 날 만큼 가치 있지만, 사람에 따라서는 한두 시간도 무시하는 경우가 적지 않다. 자투리 시간을 아끼기 위해서 가장 좋은 방법은 바로 분 단위로 관리하는 것이다. 1분 동안 할 수 있는 일을 비롯하여 5분 동안 할 수 있는 일, 10분 동안 할 수 있는 일 등으로 시간을 세분하여 나누어보자. 평소 자투리 시간에 무엇을 할 것인지 전혀 생각해 보지 않은 사람이라면 이 시간에 무엇을 할까 고민하는 것만으로도 지나가버릴 수 있다. 그러므로 분 단위로 할 일을 정해 놓고 좀 더 알찬 자투리 시간을 가져보자.

1분 동안 할 수 있는 일

1. 책 한 구절 읽기

책을 항상 가지고 다닌다면, 속독을 하는 사람이 아니더라도 1분이면 책의 한 구절은 충분히 읽을 수 있다.

2. 가족과 친구에게 전화하기

평소 연락해야겠다고 생각만 하는 부모님과 친구들이 있는가? 다음으로 미루지 말고 휴대폰으로 연락을 해보자. 직접 목소리를 들으면서 간단한 안부인사로 1분의 값어치는 극대화될 것이다.

3. 단어 하나 찾아보기

평소 자주 쓰지만 정확한 뜻을 모르는 단어가 있거나 외국어를 공부하는 사람이라면, 단어의 뜻이나 용례를 찾아보며 어학 실력을 키울 수 있는 1분은 매우 소중하다.

22

기억력을 늘리는 방법

기억술로 기억력 늘리기

기억력을 늘리는 훈련을 해두면 이름 · 장소 · 날짜 · 사건 등을 기억하는데 매우 많은 시간을 절약할 수 있다. 잊어버린다는 것은 막대한 시간 낭비이다. 약속 날짜나 숫자를 쉽게 기억하거나 메모 없이 다른 사람의 전화번호나 주소를 기억하는 비즈니스맨은 성공할 가능성이 높으며, 다른 사람들에게도 존경받을 수 있다.

대부분의 사람들은 자기의 기억력에 자신을 갖지 못하고, 뭔가를 기억하는 능력이 없기 때문에 기억력을 늘리는 일은 불가능하다고 믿는다. 뿐만 아니라 그러한 상황을 당연시하고 넘겨버리는 안타까운 경우가 종종 있다.

기억술이라는 것은 이미 1천 년 전부터 시행되어 왔으며, 숫자를 부호로 만들거나 연상 작용 등을 이용해 기억력을 증강시키는 방법은 오랫동안 사용되어 왔다. 오늘날에는 기억력을 높이기 위한 특별강좌도 곳곳에서 시행하고 있으며, 자신의 노력 여하에 따라 충분히 늘릴 수 있다.

기억력을 늘리는 가장 좋은 방법은 어떤 이름이나 사건을 자신의 주변과 연관시키는 것이다. 기억은 근육과 비슷하여 게으름을 피우면 약해지고. 자주 사용하면 강해지는 것이다.

기억력으로 학습 능률을 높이는 방법

공부나 일을 할 때만큼 기억력이 필요한 순간은 없을 것이다. 특히 많은 기억력을 필요로 하는 공부를 할 때는 요령이 필요하다. 한 번 책상에 앉아 오래 공부하는 것이 좋은 것으로 여겨지지만, 효율적인 기억력을 위해서는 짧은 시간으로 나누어 자주 공부하는 것이 좋다. 즉, 한 번에 한 시간씩 공부하는 것보다 30분씩 두 번에 나누어 공부하는 것이 집중력이 높아지는 것이다. 또한 20분씩 여섯 번으로 공부하면 2시간 동안 공부한 것보다 훨씬 능률이 오르는 것을 알 수 있다. 실제 도전해 보고 자신에게 맞는 주기를 찾아 최소한의 시간으로 최대의 능률을 올릴 수 있도록 하자.

눈에 띄는 장소에서 자주 보기

영어 단어나 문법, 업무 중 중요한 스케줄 등을 잊지 않기 위해서 가장 좋은 방법은 무엇일까? 대부분 공부나 일을 할 때는 책상에 앉아서 하기 때문에 고개를 들기만 하면 보이는 벽에 기억해야 할 것들을 붙여놓는 것은 좋은 방법이다. 눈앞에 항상 보이기 때문에 잊고 싶어도 잊을 수가 없기 때문이다.

사무실이나 작업장, 서재나 부엌의 메모판 등에 기억해 두고 싶은 내용을 써두자. 또한 오고가는 길에 볼 수 있도록 메모지나 수첩 등에 내용을 적어두고 수시로 본다면 기억력에 큰 도움이 될 것이다.

넘치는 책 활용하기

지식의 원천이며 지식을 얻는데 가장 편리한 것이 서적이다. 요즘은 인터넷 사용이 늘어나 책이 점점 도외시되는 경향이 있지만, 깊이 있고 전문적인 지식을 필요로 할 때는 책만큼 훌륭한 것도 없다.

동서고금을 막론하고 위대한 지도자들은 모두 독서가였다. 책에 기록된 남의 경험을 배우지 않는 것은 매우 큰 시간 낭비로, 인터넷 대신 책에서 지식을 쌓고 아이디어를 창출해 낼 수 있도록 하자.

감성을 키우는 일기쓰기

일기라는 단어를 떠올리면 대부분 억지로 일기를 썼던 초등학교 때를 떠올린다. 더 이상 일기를 강요당하지 않았을 때의 자유로움을 안다면 일기를 다시 쓰는 것은 쉽지 않다. 하지만 지금 쓰는 일기는 아무도 보지 않기 때문에 자유롭게 자신의 생각을 쓸 수 있을 뿐만 아니라 대화를 나누는 듯한 시간을 가져 스스로를 발전시킬 수 있다.

자필로 쓰는 것이 귀찮다면 스마트폰이나 노트북을 이용해 보자. 편안한 자세로 지금 생각을 쓰다보면 기분이 한결 나아질 뿐만 아니라 생각지도 못한 아이디어를 얻어 인생의 새로운 재미를 찾을 수도 있다. 일기장은 폈지만 쓸 말이 없는 경우도 있을 것이다. 그때는 지금 기분에 대해 간단하게라도 써보자. 일단 쓰기 시작하면 더 쓰고 싶은 말이 생각날 것이다. 자신의 성격과 기질을 파악해줄 나만의 친구를 일기장에서 만나보자.

기억력을 늘리는 방법

자신의 기억력이 약하다고 생각되는 경우, 좋은 기억력을 가지는 것은 무리라고 생각할 수 있다. 그러나 자신의 기억력에 실망하기 전에 그것을 적당히 활용하여 최대한으로 그 능력을 높이는 노력이 필요하다.

1. 기억하고 싶은 일에 가능한 주의를 집중시킨다.

2. 읽고 듣고 쓴 것을 스스로 말해 보거나 생각해 보고 이것이 습관이 될 수 있도록 꾸준히 실천한다.

3. 새로운 것은 무엇이든 연관지어 생각한다.

4. 대부분의 사람들에게 기억력이 가장 왕성한 시간은 오전 8~10시 경이다. 이를 잘 활용하여 기억력을 상승시키도록 노력한다.

23

재미있고 알뜰하게 집안일하기

집안일할 때의 마음가짐

살림은 결코 쉬운 일이 아니다. 청소 · 빨래 · 요리 · 설거지 등은 매일매일 반복되지만 많은 힘과 노력을 요구하기 때문이다. 혼자 사는 경우를 제외한다면 가족 간에 이 일을 분담하는 것은 매우 중요하다. 어린아이라고 하더라도 신발장 청소 · 유리 닦기 등을 스스로 할 수 있도록 하는 것이 좋으며, 모든 집안일을 주부에게만 맡기지 않는 것이 좋다. 이는 가족의 화목을 위해서도 중요하지만, 함께 사는 공동체로서의 의식을 가지기 위해서도 필수적인 방법이다.

집안일을 할 때는 무엇보다 긍정적인 마음가짐이 필

요하다. 어쩔 수 없으니까 한다는 마음가짐이 아닌 쾌적한 환경에서 살 수 있기 위해서 하는, 나를 위한 생활의 일부임을 스스로 인식하도록 하자. 이러한 마음가짐을 가지고 집안일을 한다면 일이 아닌 보람이자 기쁨이 될 수 있을 것이다.

주방에 있는 시간 절약하기

가정에 있어서 주방은 인체의 심장과 같으며 가족 행복의 원천이 되는 공간이기도 하다. 이러한 까닭에 가사 중 매우 많은 시간이 주방에서 소요되므로, 능률적인 방법과 편리한 주방용품을 이용한다면 1주일에 6~7시간 정도는 절약할 수 있다.

오래 전의 주방과 비교한다면 지금의 주방은 매우 혁신적이지만, 앞으로도 많은 부분을 개선할 필요가 있다. 현재의 상태에서 설비를 보완하고 서랍이나 조리대를 추가함으로써 조금씩 주방을 개선하여 효율성을 높이는 것이 중요하다.

주방 구조의 개선

주방에서 시간을 절약할 수 있는 가장 기본적인 방법은 동선 조절이다. 필요한 것이 여기저기 무질서하게 배열되어 있으면 헛된 시간을 보낼 수밖에 없다. 원활하게 일을 진행하기 위해서는 저장과 준비, 재료 씻기와 밑반찬 준비, 요리와 상차리기 등의 순서가 가능해야 한다. 또한 주방에서 많은 시간을 보내는 주부의 키에 관계없이 지어진 주방은 불편할 수밖에 없다. 가장 편한 자세로 일할 수 있는 높이가 될 수 있도록 주방을 설계할 때 좀 더 신경을 쓰거나, 불편하다고만 할 것이 아니라 다른 보조 도구의 도움을 받아 일을 하는 것도 중요한 방법 중 하나이다. 또한 접시 닦기, 야채 조리, 전 부치기 등은 앉아서 하는 것이 좋다. 서서 일하는 것은 약 14퍼센트 정도 힘을 더 쓰기 때문이다.

주방 전문가들에 의하면 벽이 한쪽밖에 없는 주방은 매우 불편하다고 한다. 또 문이나 창문 등이 있는 주방을 높이 평가하는 사람도 있다. 주방이 넓어야 한 곳에 주방 살림을 모두 모아놓을 수 있고, 그 밖의 장소를 세탁실이나 식탁, 아이들이 놀 수 있는 장소로 구분 지을 수 있기 때문이다. 특히 배선대나 앞뒤로 사용할 수 있는 식기 선반으로 구분되어 있는 주방이 가장 좋다. 특히 요즘은 주방에서 요리뿐 아니라 독서나 인터넷 등 다양한 일을 할 수 있는 특별한 공간을 일컫는 '아일랜드형 주방'이 대세라고 한다.

현실적으로 넓은 주방을 갖는 것은 소수의 사람들에게만 허락된 여유일 것이다. 중요한 것은 좁은 주방이라도 어떻게 활용할 것인가이다. 자신에게 어울리고 시간을 효율적으로 사용할 수 있는 나만의 주방을 곰곰이 구상해 보자.

식료품 냉동 보관하기

현대인의 생활이 바빠질수록 냉동실의 가치는 높아진다. 냉장고와 함께 있는 냉동고는 보관할 수 있는 부분이 제한되어 있으므로, 가정용으로 되어 있는 냉동고를 갖추는 것도 좋은 방법이다. 장을 보러가는 횟수도 줄이며 많은 식료품을 저장할 수 있어 바쁜 현대인에게는 필수품이라고 할 수 있다.

자주 쓰는 재료나 같은 요리 등을 며칠 분으로 만들고, 이것을 냉동해 두면 필요할 때마다 먹을 수 있어 아주 편리하다. 냉동고 외에도 김치냉장고 등을 이용하면 과일이나 채소도 오랜 기간 동안 높은 신선도를 유지한 채로 보관할 수 있다. 한가한 시간에 요리를 많이 해두면 바쁜 시간에도 제대로 된 식사를 할 수 있으므로 매우 효율적이다.

청소 시간 절약하기

가사일 중에서 청소만큼 요령이 필요한 일도 없다. 일반 가정에서는 비질부터 시작하여 가구를 닦는 일까지 굉장히 많은 시간을 청소에 할애하고 있다. 그런데 많은 사람들이 비능률적인 청소를 하면서도 꼭 필요한 시간이라고 생각하는 경향이 있다.

청소를 할 때 가장 중요한 것은 사용하는 도구를 쉽게 손이 닿는 곳에 놓아두어 하나의 동작으로 두 개의 일을 하는 것이다. 청소 시간을 절약하는 방법을 알면, 몇 사람의 보조원을 고용하는 것만큼의 능률을 올릴 수 있다. 또 청소하는 장소에 따른 천연세제나 약품 등을 적절히 이용하면 무리한 힘을 들이지 않고서도 짧은 시간 내에 깔끔하게 마칠 수 있다.

시간을 아끼는 청소 방법

1. 정확한 사용 방법

여러 가지 청소 도구에 대한 사용법을 다시 한 번 읽고 직접 해본다. 잘 모르는 경우에는 고객센터에 전화해서 가장 효율적인 사용 방법을 물어보는 것도 좋다. 올바르게 도구를 사용할 수 있는 방법을 찾는데 걸리는 시간은 청소 시간의 극히 일부에 지나지 않는다.

2. 도구

호텔 등 청소가 중요한 곳에서 가장 효율적으로 이루어지므로, 호텔 등의 청소 방식을 이용하는 것이 좋다. 청소 도구는 언제나 한 군데에 모아두며, 그것들을 운반하는 수레가 따로 있다. 왜건 등이 집 안에 있다면 청소 외에도 아이에게는 장난감이 될 수 있고, 무거운 물건을 나를 때 도움이 될 것이다. 또한 청소 도구를 보관할 때 분류를 명확하게 해두고 정리하면, 물건을 찾거나 정리하는 시간이 크게 절약될 것이다.

3. 닦는 청소 도구

닦는 청소를 할 때는 스팀 청소기나 물걸레를 사용하는 것도 좋다. 청소용 장갑도 재질에 따라 같은 효과를 내는 것이 있으므로, 자신에게 알맞은 것을 사용하는 것이 좋다. 닦는 청소 도구는 청소 도구 자체를 빨아내는 것도 중요하므로, 때가 잘 빠지는 재질인지를 꼭 확인하도록 한다.

세탁 시간의 절약법

흔히 세탁이란 세탁기를 사용하는 시간만을 생각하지만, 세탁은 어떤 옷을 살 것인가를 결정하는 것에서부터 시작된다. 장식이 많거나 세탁 방법이 까다로운 옷은 세탁 역시 힘들기 때문이다. 아이들의 옷이나 침대 커버 등을 살 때는 때가 잘 타지 않는 것으로 골라야 세탁도 간단하고 쉽게 할 수 있다.

세탁을 좀 더 쉽게 할 수 있도록 하기 위해 옷에 얼룩이 묻으면 곧바로 처리하는 것이 좋으며, 그날 입었던 옷의 먼지를 털어 보관하면 옷감 손상과 세탁 시간을 줄일 수 있다. 또한 옷을 구입할 때 세탁 방법까지를 확인해 두면 세탁에 대한 시간과 비용을 모두 줄일 수 있다.

시간을 아끼는 세탁 방법

옷에 묻은 얼룩 지우기

페인트 : 가루비누와 양파를 잘게 썰어 문지른다.

김칫국물 : 얼룩 안팎에 양파즙을 묻힌 뒤, 다음날 물로 씻는다.

커피 : 탄산수를 적신 수건으로 두드리듯 닦는다.

토마토케첩 · 주스 · 과일즙 : 식초를 수건에 묻혀 닦는다.

볼펜 자국 : 물파스

색연필 · 문 손잡이 · 커피잔의 얼룩 : 치약

핏자국 : 과산화수소수를 뿌리고 슥슥 비빈다.

껌 : 얼음을 이용하거나 신문을 대고 다리미로 문질러 떼어낸다.

기름때 묻은 앞치마 : 팔팔 끓는 물에 백반을 조금 넣어 삶는다.

자수 직물 보호

세탁 전, 자수가 있는 부분에 양초를 살살 문질러준다. 세탁 후 옷이 다 마르면 양초를 칠했던 부분을 신문지로 덮고 다려주면 자수 부분이 언제나 새것 같다.

소금 활용법

세제 표준량 초과 시 소금을 넣으면 거품이 줄어든다.

양말이나 흰 빨래, 기름때로 더러워진 옷을 빨 때 소름을 넣으면 때가 더 잘 빠진다.

스타킹 올 예방법

스타킹을 세탁한 후에 식초를 넣은 미지근한 물에 담갔다가 널면 스타킹을 오래 신을 수 있을 뿐만 아니라 발 냄새 예방도 된다.

누렇게 변색된 옷 하얗게

양파껍질 한 개분에 물 2컵을 넣고 팔팔 끓인다. 적당히 달여진 양파물에 누렇게 변색된 옷을 넣고 10분간 삶은 뒤 소금을 넣어보자.

옷 구김은 이렇게

물에 식초를 몇 방울 떨어뜨린 뒤 분무 통에 담아서 살짝 뿌리면 아주 쉽게 주름이 펴진다.

머리카락에 붙은 껌

베이비오일을 껌이 붙은 주위에 부어준다. 고운 빗으로 살살 빗으면 아주 잘 떨어진다.

검은색 옷이 바랜 경우

김빠진 맥주에 담가두었다가 세탁기로 탈수해서 빤 뒤, 다림질을 한다. 그 다음 다시 한 번 세탁을 해주면 검은색을 유지할 수 있다.

가사계획표 만들기

어떤 일을 할 때 미리 계획을 세워서 하면 일에 걸리는 시간은 크게 줄어든다. 가사일 역시 효과적인 방법을 선택하고 사용 기간을 조사하는 것은 매우 도움이 된다. 뿐만 아니라 절약된 시간을 더욱 유용하게 이용할 수 있어 가족 모두의 시간을 더해 주는 효과를 가져온다. 일단 일의 종류를 매일 하는 일, 매주 하는 일, 매달 하는 일 등으로 나누고, 그 일을 다시 출근하기 전, 퇴근하고 난 후, 주말에 해야 할 일로 나눈다. 이렇게 하면 일이 분담되기 때문에 덜 피로하고 쉽게 일을 끝낼 수 있어 만족도 역시 높아질 수 있다.

이사 시간 절약하기

현대인은 주거 · 투자 · 이직 등 여러 가지 이유로 자주 이사를 한다. 이사는 가장 손이 많이 가는 일 중 하나이기 때문에 요령이 필요하다. 포장이사를 하기 때문에 실제 이사를 한다 하더라도 짐을 꾸리거나 풀어야 하는 일은 적지만, 역시 짐정리를 하는 데는 적지 않은 시간을 필요로 한다.

이사를 할 때 가장 먼저 생각해야 할 것은 새 집의 가구 배치이다. 미리 생각해 두지 않으면, 계획 없이 가구를 배치하게 되고 결국 다시 한 번 가구를 옮겨야 하므로 시간과 인력의 낭비가 된다. 이사를 하기 전에도 상자에 담아놓은 짐들은 안에 무엇이 들었는지 모두 확인하여 목록을 만들어둔다. 여러 가지 물건의 위치를 제대로 알고 지시하면 쉽고 빠르게 이삿짐을 정리할 수 있다.

최고의 협력자는 가족

만약 당신이 자신의 시간을 합리적으로 만들고자 한다면 가족들과 함께 시간 배분을 의논해야 한다. 혼자 살고 있다면 이에 대한 부담감은 없지만, 부모님, 배우자, 아이들과 함께 살고 있다면 집안일은 혼자만의 것이 아니기 때문이다. 특히 맞벌이를 하는 경우, 아내가 직업을 가지고 있어도 가사는 당연히 아내의 역할이라고 생각한다면 사고방식을 바꾸어야 한다. 집안일은 함께하는 것이며, 협력을 아끼지 않아야 가사뿐만 아니라 가족 간의 분위기 역시 더 좋아진다.

집안일을 할 때는 각자의 능력이나 관심에 따라 할당하는 것이 좋으며, 아이들의 의견이라 해도 무시하지 않고 들어주는 것이 좋다. 또한 정해진 일을 바꾸어 다른 가족이 하고 있는 일의 중요성에 대해서도 알 수 있도록 한다. 가족 전체가 하나가 되어 집안일을 함께한다면 가족 간에 함께 보내는 시간 역시 크게 늘어날 것이다.

정기적인 가족회의

가족 구성원이 많아질수록 혹은 성장할수록 가정 내에는 크고 작은 여러 가지 문제가 생긴다. 가정의 대소사를 결정할 때 시간을 절약할 수 있는 가장 좋은 방법은 특정한 시간을 정하여 의논하는 것이다.

가족회의에서의 안건은 반드시 큰 것일 필요는 없다. 텔레비전이나 컴퓨터를 하는 시간을 늘려달라는 아이들의 요구를 가족이 함께 모여 결정한다면, 아이들 역시 더 쉽게 수긍할 수 있을 것이다. 취미가 맞지 않아 문제가 있을 때도 서로 양보할 수 있도록 조율한다면 가족의 분위기는 더욱 좋아질 것이다.

회사보다 가정을, 자기보다 가족을

우리는 지나치게 회사 일에 집착하고 있다. 가정의 기반이 되는 경제를 책임지고 있는 곳이 회사이므로 이를 당연하게 받아들이는 것이 일반적이다. 하지만 회사에서 자신의 성장을 위해 가족을 이용하고 있는 것은 아닌가에 대해 생각해 보아야 한다. 그렇게 성공을 한 뒤, 자신을 축하해 주고 성공의 기쁨을 함께 나눌 가족이 없다면 진정한 행복은 느끼기 어려울 것이다. 일에서는 성공했지만 인생에서 실패한다면 그것은 진정한 성공이라고 하기 어렵다. 회사의 업무는 가정을 위한 것이라는 마음가짐과, 나보다는 가족을 우선시하는 생각을 가진다면 일에서도 인생에서도 진정한 성공을 달성할 수 있을 것이다.

손쉽게 냄새 · 얼룩 · 먼지 제거 방법

밀폐 용기 냄새

밀폐 용기에서 나는 냄새를 제거하려면 쌀뜨물을 이용한다. 쌀뜨물을 하룻밤 정도 용기에 받았다가 다음날 씻어주면 냄새는 물론 용기에 밴 색깔도 없어진다. 그러고 나서 햇볕에 잘 말려두면 곰팡이도 끼지 않으면서 여로 모로 아주 좋다.

냉장고 냄새

냉장고의 냄새를 없애려면 떡갈나무 잎을 물에 적셔서 냉장고 바닥에 깔아두면 된다. 아니면 원두커피 찌꺼기를 놓아두는 방법도 있으며, 각종 탈취제는 냉장고 아래 칸에 넣어두는 것이 좋다.

신발장 · 씽크대 냄새

원두커피를 마신 뒤 남는 찌꺼기를 잘 말려두었다가 신발장 안이나 싱크대에 놓아두면 나쁜 냄새가 없어진다. 재떨이에 깔아두면 담배 냄새를 줄일 수도 있다. 찌꺼기가 쏟아지지 않게 하려면 오목한 통에 넣어두거나 망에 싸두는 것도 좋은 방법이다.

행주의 퀴퀴한 냄새

어린아이들이 있는 집은 음식을 자주 흘리게 되고 특히 생선 종류를 흘렸을 때는 행주로 몇 번을 닦아도 깨끗해지지 않고 비릿한 냄새가 난다. 이럴 때는 아이들이 쓰다 남은 어린이 치약을 버리지 말고 모아두었다가 행주에 조금씩 짜서 닦아주면 얼룩은 물론 냄새까지 사라진다.

프라이팬이나 칼의 생선 비린내

생선 비린내가 밴 프라이팬에 간장 한 방울을 떨어뜨려 불에 달구면 비린내가 없어진다. 또 육류나 생선 비린내가 밴 칼을 씻을 때는 식초를 희석한 물로 씻은 다음 녹 방지를 위해 무 조각으로 닦아내면 된다. 남은 무로 싱크대 상판도 닦으면 반짝반짝해진다.

먼지가 많이 날리지 않게 청소하기

집안에서 유난히 먼지가 많은 거실과 안방 등을 청소할 때는 빗자루에 헌 스타킹을 씌우고 분무기로 물을 약간 뿌린 뒤 쓸면 먼지가 날리지 않고 스타킹에 붙어 나와 청소를 깔끔하게 할 수 있어서 편리하다.

은제품 광택내기

은제품을 깨끗하게 되돌릴 수 있는 방법은 먼저 은제품을 쿠킹호일에 하나하나 싸고, 팔팔 끓는 뜨거운 물에 20~30분 담가두었다가 식은 후 제품을 펼치면 원래의 상태로 돌아온 걸 알 수 있다.

욕실 거울의 얼룩 제거

욕실의 거울에 김이 서릴 때 감자를 잘라서 거울에 문지르고 하얀 전분을 닦아내면 거울의 더러운 것들이 지워질 뿐 아니라 김 서림도 방지할 수 있다.

배수구 거름통

스타킹에 10원짜리 동전 4~5개를 넣고 거름통 안에 넣어 두면 음식찌꺼기가 덜 부패된다. 이는 10원짜리 동전에 박테리아를 분해하는 성분이 있기 때문이다. 동전이 검어질 때마다 새것으로 갈아주면 된다.

기름때는 밀가루를 이용

주방에서 가장 더러워지기 쉬운 곳이 환풍기이다. 기름과 연기로 금방 끈적끈적해지므로 이럴 땐 밀가루를 활용해 보자. 먼저 환풍기를 분해해서 밀가루를 구석구석 뿌려두면 기름때가 들뜬다. 이때 뜨거운 물에 적신 헝겊으로 닦아내면 더러운 때가 쏙 빠진다.

그리고 튀김을 하고 난 냄비에 밀가루를 묽게 타서 3분 정도 팔팔 끓이면 전분이 기름기를 제거하므로 깨끗해진다. 또 튀김할 때 쓰다 남은 밀가루를 그냥 버리지 말고 설거지할 때 이용해도 좋고 특히, 붉은 김칫국물 자국을 없애는데는 그만이다.

스펀지 대신 신문지로 설거지하기

음식을 볶거나 튀긴 뒤의 설거지는 곤란하다. 세제를 스펀지에 묻혀 설거지를 하고 나면 손과 스펀지 모두 끈적끈적한 느낌이 남는데 이때 신문지에 세제를 조금 묻혀 함께 닦아내면 뽀드득거릴 정도로 잘 지워진다.

도마의 찌든 때

소금을 뿌려 닦은 다음 뜨거운 물을 부어 닦는다. 이때 생선을 다룬 도마는 오히려 냄새가 진하게 밸 염려가 있으므로 사용 즉시 뜨거운 물을 붓는 것은 피한다.

주방의 잡냄새

냄비에 한 줌의 찻잎을 넣고 불에 올려놓으면 금방 타서 연기가 나는데 냄비를 들고 부엌을 한 바퀴 돌아 연기가 구석구석에 미치도록 한다. 연기는 불을 꺼도 상당히 오래 나기 때문에 전체에 퍼지면 물을 뿌려 연기를 멈춘다. 그런 다음 환기를 시키면 지겨운 냄새가 싹 사라진다.

보온병 내부의 물때

보온병의 마개를 열고 10퍼센트 정도로 희석시킨 따뜻한 식초를 가득 넣은 뒤 30분 정도 둔다. 그런 다음 부드러운 스펀지로 깨끗이 닦아낸다.

소다 이용법

김칫국물 등 불쾌한 냄새와 얼룩이 쌓인 행주는 소다를 넣어 삶으면 말끔해진다. 싱크대가 막혔을 때 가성소다나 베이킹파우더 1봉지를 넣고 그 위에 식초 1/2병을 쏟는다. 잠시 후 거품이 나면서 막힌 데가 뚫린다.

마시다 남은 맥주 이용법

마시다 남은 맥주나 소주를 병뚜껑을 열어 냉장고 안에 넣어두면 냉장고 냄새 제거에 효과가 있다. 또 마시다 남은 맥주는 냉장고에 보관해 두었다가 튀김할 때 이용한다. 물 대신 차가운 맥주로 반죽하면 바삭하게 잘 튀겨지며, 재료에 밀가루를 묻히지 않아도 튀김옷이 잘 벗겨지지 않는다.

화장실 청소

곰팡이가 낀 욕실 실리콘에는 솜에 적신 럭스를 묻혀 놓는다. 물기가 남아 있는 욕조에는 신문지를 펼쳐놓는다. 세숫대야나 세면기에 달라붙은 더러움은 베이비오일을 사용하면 반짝반짝해진다.

페인트 냄새

새로 칠한 페인트 냄새에는 양파를 쪼개어 구석구석 놓아두면 된다. 양파 냄새도 페인트 냄새도 나지 않는다.

노란 고무줄의 활약

설탕통이나 꿀통 등에 감아두면 개미가 꼬이지 않는다. 잘 열리지 않는 뚜껑에 고무줄을 감아서 돌리면 아주 잘 열린다. 단단히 박힌 압정도 노란 고무줄을 두세 번 감으면 아주 잘 빠진다.

24

전화 및 통신기기 활용하기

효율적으로 전화 사용하기

유선에서 무선으로 발전한 전화기는 근대 문명이 낳은 최고의 시간 절약자이자 최대의 시간 낭비자이다. 영업이나 사업 등 전화가 업무에 꼭 필요한 경우도 있지만, 불필요한 내용이나 오히려 시간을 낭비시키는 경우도 많기 때문이다. 자신에게 꼭 필요한 전화와 그렇지 않은 전화를 명확히 분류하고, 불필요한 인터넷 사용을 줄여 낭비되는 시간을 최대한 줄이도록 한다.

대화가 필요한 상대와는 얼굴을 마주하기

사람들은 용건이 있을 때면 당연히 전화기를 먼저 꺼내지만, 얼굴을 보고 만나서 이야기하는 것이 더 효과적일 수도 있다. 필요에 의해 만나자는 전화를 걸 때는 직접 상대방을 지정하는 것이 좋다. 사업상 만나야 할 사람이 있을 때 누구를 만날 것인지 의사를 명확히 전달하지 않으면, 엉뚱한 사람과 만나 시간을 낭비할 수 있다.

또한 이야기를 할 때는 상대방에 대한 명확한 정보를 이용한다. 명함과 함께 그 사람의 인상을 기억해 둔다면 두 번째 만남에서는 대화도 일도 더 쉽게 풀릴 수 있다. 또한 궁금한 점이 있을 때는 미리 메모해 두었다가 물어본다면 준비된 미팅이라는 좋은 인상을 줄 수도 있다.

전화로 나와 상대방 배려하기

다른 사람이 자신의 방에 함부로 들어오는 것은 좋아하지 않지만, 전화는 아무 때나 응하는 사람들이 많다. 별다른 용건이 없을 때는 물론, 사업상 필요한 전화라고 해도 자신의 휴식 시간에는 받지 않는 것도 좋은 방법이다.

또 하나 좋은 방법은 자주 전화를 걸어야 하는 사람이 바쁜 시간과 그렇지 않은 시간을 적어두는 것이다. 이는 자신을 배려하는 것처럼 다른 사람을 배려하는 방법으로, 상대방에게 좋은 인상을 줄 수 있다.

세상에는 자신이 자주 전화를 거는 상대에 대해 기본적인 사실도 모르고 있는 경우가 많다. 스스로를 배려하는 것처럼 다른 사람의 시간도 배려한다면 서로 간의 시간에 좀 더 여유를 줄 수 있을 것이다.

전화는 '용건만 간단히'

공중전화에 씌어 있는 '용건만 간단히' 라는 말을 지키지 않는 사람들이 매우 많다. 시간을 절약하는데 실제로 도움이 되는 것은 업무용이 아니라 친구들과 잡담을 나누는 시간을 줄이는 것이다. 연예계 가십이나 스포츠 경기 등의 이야기를 삼가도록 하며, 전화를 걸 때는 제한 시간을 정해 놓고 길지 않은 통화를 하도록 한다.

빨리 전화를 끊는 것이 무례하다고 여겨질 수 있으나, 사적인 경우나 공적인 경우에도 얼굴을 보지 못하는 상대방을 배려할 수 있는 가장 좋은 방법이기도 하다.

자동응답기 활용하기

자동응답기가 핸드폰의 보급으로 가정에서는 거의 사용되지 않지만, 영업장소에서는 아직도 사용하는 곳이 많다. 센서가 달린 자동응답기의 경우에는 가게에 손님이 문을 열고 들어오면 '어서 오십시오.' 라는 인사를 하게 되어 있다. 서비스를 담당하는 수많은 제품의 문의처들도 소비자들이 편리하게 이용할 수 있도록 자동응답 시스템을 갖추고 있어 소비자와 상담원의 시간을 모두 절약해 주고 있다.

시간을 절약하는 사진

많은 사람들에게 보급된 디지털 카메라로 인해 사진은 매우 많은 분야에서 이용되고 있다. 부동산 중개업자들은 자신들이 취급하는 부동산을 사진으로 찍어 고객들이 참고할 수 있도록 하며, 건축업자의 경우에는 진척 상황을 사진으로 찍어 상황보고를 좀 더 상세하게 하기도 한다. 레스토랑의 경우에는 메뉴판을 사진으로 만들어, 이름만으로 알기 어려운 메뉴들을 한눈에 볼 수 있도록 하고 있다. 조립 제품의 경우에도 만드는 과정을 사진으로 찍어 더 쉽게 조립할 수 있도록 배려하고 있다.

사진을 취미로 하지 않더라도 디지털 카메라 등을 이용하여 필요할 때마다 사진으로 남겨 둔다면 유용한 아이디어를 떠올리는데 큰 도움이 될 것이다.

보이스 레코더 활용하기

예전과 달리 최첨단 전자제품이 늘어나는 요즘은, 기록하는 매체가 많이 달라져 있다. CD로 기록하는 것조차 USB가 대체하고 있지만 여전히 활용도가 높은 물품 중의 하나는 보이스 레코더이다. 때로는 메모장으로, 때로는 업무용으로 쓰이는 보이스 레코더는 다른 기기와 결합되어 나오는 경우도 많으므로 잘 알아보고 구입하는 것이 좋다.

어학을 공부하는 사람의 경우, 자신의 발음을 녹음해서 들어보면서 연습하면 매우 좋은 효과를 얻을 수 있다. 그때그때 떠오르는 아이디어를 보이스 레코더에 간단히 녹음해 두면 나중에 한 번에 정리하면서 그때의 생각을 잊지 않을 수 있기 때문에 업무에도 효율적이다. 또한 자기 전에 잠재의식을 활용할 때도 녹음해 둔 내용을 머리맡에 틀어놓고 자면 쉽게 기억할 수 있다는 내용도 연구로 증명되었다. 맞벌이를 하는 부모의 경우, 아이들이 귀가 후 해야 할 일을 보이스 레코더에 녹음해 두고 아이들에게 그것을 듣게 한다면, 아이들은 부모님과 함께한다는 느낌을 받을 수도 있을 것이다.

예전에 카세트테이프로 활용하던 내용은 보이스 레코더로 대부분 대체할 수 있으므로 적당한 것을 마련하여 사용해 보는 것도 자신의 생활에 적지 않은 도움이 될 것이다. 특별한 것만이 생활을 바꾸는 것은 아니다. 작은 전자제품 하나도 생활에 큰 영향을 미치며 좀 더 나은 생활로의 발전을 가져올 수 있다.

전화의 올바른 사용법

1. 정확하게 다이얼이나 단축번호를 눌러 실수하지 않도록 한다.

2. 상대방이 전화를 받을 때까지 기다리며, 벨이 10번 정도 울릴 때까지 기다리는 것이 좋다.

3. 자기에게 전화가 걸려온 경우에는 상대가 전화를 끊거나 다시 걸지 않도록 즉시 전화를 받는다.

4. 당신이 건 전화에 상대방이 나오면 분명하게 자신의 소속과 이름을 밝히고 통화하고자 하는 사람의 직함과 이름을 명확하게 밝힌다.

5. 원하는 상대가 자리를 비웠을 때는 자신의 전화번호와 이름을 남겨둔다.

6. 같은 말을 되풀이하지 않도록 발음을 분명히 하며, 상대가 알아들을 수 있는 속도로 차근차근 말하는 것이 좋다.

7. 말을 끝낼 때는 '안녕히 계십시오.' 등의 인사말로 마치며, 전화기 앞에 매달려 있지 않도록 분명하게 대화를 끝낸다.

지금까지 보낸 시간이 하루에 24시간이었다면 이 책을 읽은 뒤에는 하루를 48시간처럼 활용할 수 있을 것이다. 자는 시간을 줄이는 것도, 일하는 시간을 늘리는 것도 중요하지만 그것만큼 중요한 것은 그 시간을 얼마나 집중력 있고 효율적으로 보낼 것인가이다. 자기가 하고 싶은 일을 할 수 있는 시간을 하루에 30분씩이라도 가질 수 있다면 인생은 지금보다 한결 더 만족스럽고 즐거워질 것이다. 이것은 당신의 미래에 밝은 설계도가 되어 직장생활이나 가정생활이 한 걸음 전진하는 데 큰 도움이 될 수 있다.

잘 짜인 예산안과 꼼꼼한 준비로 여행을 하고 쇼핑을 하는 것처럼 하루의 시간에 대한 적절한 예산안을 작성할 수 있다면 당신은 멋진 생활과 참된 기쁨을 맛볼 수 있을 것이다. 또한 매일 무언가에 쫓기는 듯한 압박감을 제거하여 자유와 여가를 가져다줄 것이다.

지혜의 샘 시리즈 41

happiness

행복을 디자인하라

원혜정 엮음

나와 가장 가까운 이들에게 꼭 들려주고 싶은 이야기

이 세상에서 행복해지고 싶은 않은 사람이 과연 있을까요? 짐작컨대 아무도 불행을 원하는 사람은 없을 겁니다. 세상 모든 이들이 추구하는 행복을 어떻게 하면 내 것으로 만들 수 있을까요? 가만히 감나무 밑에 누워 감이 떨어지기만을 기다린다면 행복은 결코 내 안으로 들어오지 않을 거예요. 그러면 어떻게 하면 나와 우리 가족, 그리고 모든 이들이 행복해질 수 있을까요?

이 책은 짧은 시간의 투자로 인생을 바꿀 수도 있는 생각과 실천들을 제시해 주어 각자 스스로 느끼고 내면 깊숙한 곳으로부터 변화되어 인생의 가장 소중한 것을 향해 나아가는 방법을 친절하게 안내해 줍니다. 더불어 나 자신과 가정, 부모와 자녀, 부부와 연인, 그리고 우리 모두가 행복해지기 위해서 노력해야 할 지침들을 이해하기 쉽게 핵심만을 간추려 설명하고 있습니다.

각 장의 내용을 구체적으로 살펴보면,

제1장 자신과 가정에 관한 글에서는 내가 나를 위해, 가정을 위해, 사회 생활을 위해 무엇을 할 것인가에 대한 글들을 실었습니다. 나를 잃어버린 채 살고 있는 현대인들. 자아를 먼저 찾고, 나를 발전시킴으로써 행복한 가정을 만들고, 건전한 사회를 만드십시오.

제2장 부모와 자녀에 관한 글에서는 자녀에게 좋은 아버지, 어머니가 되기 위해서는 어떻게 해야 할지를 다루었으며, 또한 자녀가 부모에게 바라는 것이 무엇인지를 다루어 그들이 원하는 것을 제대로 알 수 있도록 했습니다.

제3장 부부와 연인에 관한 글에서는 사랑하는 사람들을 위한 글들을 모았습니다. 한창 열애중인 연인들을 위해, 행복한 가정 생활을 영위하고 있는 부부들을 위해 사랑하는 사람들이 서로 나누어야 할 아름다운 진실을 담았습니다.

제4장 행복으로 가는 길에서는 행복을 위해 무엇을 해야 할 것인지에 대한 일반적인 이야기를 다루었습니다. 침체되어 있는 자신을 위해, 원만한 대인 관계를 위해, 자신의 건강을 지키기 위한 여러 가지 이야기들을 읽고 실천해 보십시오.

행복하기를 원하지 않는 사람은 세상에 아무도 없습니다. 또한 많은 재물을 가졌다고, 높은 지위를 가졌다고 다 행복한 것은 아닙니다. 행복은 아주 멀고 높은 곳에 있는 것이 아니라 내 속에, 또는 작고 사소한 것에 아주 가까운 곳에 있을 수 있습니다. 지금 당장 행복해지길 원한다면 나를 둘러보고 주위를 살펴보세요. 나로 인해 많은 사람들이 행복해 하고 있으며, 또 그들로 인해 내가 행복할 것입니다.

이 책은 어느 곳을 먼저 읽어도 읽는 이를 행복으로 안내할 것입니다. 자녀와 부모, 자기 자신, 가정 등 어느 것 하나 읽는 이와 떨어져 생각할 수 없는 것이니까요. 지금 이 책을 읽는 사람들이 일상에서 벗어날 수 있도록 발상의 전환점이 되길 바라는 마음으로 이 책을 펴냅니다.

차 례

제1장 자신과 가정에 관한 글

제3장 부부와 연인에 관한 글

제4장 행복으로 가는 길

제1장

자신과 가정에 관한 글

뜻을 이루기 위한 교훈

1. 현재의 모습을 생각해 보고 내일의 자신을 그려보며 삶의 의미를 깊이 생각해 본다.

2. 잠들기 전에 오늘의 일을 되돌아보고 내일 할 일을 머릿속에 그려본다.

3. 어떤 어렵고 힘든 상황일지라도 미리 포기하거나 좌절하지 않는다.

4. 오늘 해야 할 일과 할 수 있는 일은 절대로 내일로 미루지 않는다.

5. 꿈과 야망은 크게 갖고 그 꿈과 야망을 달성한 자신을 생각해 본다.

6. 결정을 내릴 때에는 신중하게 오래 생각하고 결정한 일은 가급적 신속히 처리한다.

7. 지금 최선을 다하고 보다 더 열성적으로 적극적으로 살도록 노력한다.

8. 힘들게 오른 정상은 오르기보다 지키기가 더 힘들다는 것을 잊지 말라.

9. 만연되어 있는 적당주의를 과감히 배격하고 자신이 만족할 수 있도록 일을 처리한다.

10. 현재의 고통을 내일의 행복을 위한 밑거름으로 사용할 수 있도록 두려워 말고 극복해야 한다.

나의 실패와 몰락을 책망할 사람은 나 자신밖에 없다. 나는 깨달았다.
내가 나 자신의 최대의 적이며
나 자신의 비참한 운명의 원인이었다는 것을….
_나폴레옹

고독에서 벗어나는 방법

1. 자기 자신을 위하고 남는 것을 남을 위해 쓰기보다 남을 먼저 배려하고 베풀 줄 알아라.

2. 자신을 속이지 말고 남을 속이려고도 하지 말며 자신의 마음과 생각을 분명히 밝혀라.

3. 친절은 많은 사람들을 자신에게 모이게 하는 방법 중 가장 좋은 방법임을 잊지 말라.

4. 현재 힘들고 어렵다고 해도 세상을 비관적으로 보지 말고 밝고 긍정적으로 생각하고 살라.

5. 아무리 힘든 일이 있어도, 화가 나는 일이 있어도 만나는 사람들은 항상 웃는 낯으로 대하라.

6. 남이 자신의 능력을 필요로 하게끔 자신의 능력을 개발하고 키워라.

7. 남을 이해하려고 노력함으로써 남에게 자신을 이해시킬 수 있다는 것을 잊지 말라.

8. 자기 자신이 못한다고 해도 남을 시기하거나 무시하지 말고 상대방의 재능과 장점을 인정하라.

9. 남의 경조사에 참여하여 고통과 기쁨을 나누어라.

10. 현재 가지고 있는 것만으로도 남에게 도움을 줄 수 있는 일을 찾아 도와라.

남의 일을 잘 알고 있는 사람은 똑똑한 사람이다.
그러나 자신을 알고 있는 사람은 그 이상으로 총명한 사람이다.
남을 설득시킬 수 있는 사람은 강한 사람이다.
그러나 자신을 이겨내는 사람은 그 이상으로 강한 사람이다.
_노자

자기 발전을 위해 해야 하는 것

1. 다른 것을 제대로 보지 못하게 하는 자신의 독단과 아집을 과감히 버리고 시야를 넓히도록 하라.

2. 독서를 통해 알고 있는 것의 깊이를 더하고 미지의 세계 등 많은 것에 대해 알도록 노력하라.

3. 항상 긍정적인 사고를 바탕으로 행동하라.

4. 자기만의 소질과 장점을 찾아 좋아하는 분야에서 만큼은 최고가 되도록 노력하라.

5. 목적지 없이 항해하는 것은 망망대해를 표류하는 것과 같다. 이루어야 할 목표를 설정하라.

6. 불필요한 것에 시간을 낭비하지 말고 하루 24시간이 부족할 정도로 시간을 잘 활용하라.

7. 건전한 사고 방식을 가진 사람들, 같은 방향의 목표를 가진 사람들과 어울려라.

8. 가지고 있는 것이 부족하다 생각 말고 남을 위해 가진 것을 베풀어라. 곧 뿌린 만큼 돌아온다는 것을 잊지 말라.

9. 실패는 자신의 능력으로 극복할 수 있다는 생각으로 최선을 다하라.

10. 현실을 비관하지 말고 자신보다 더 어려운 사람들을 둘러보아 타산지석으로 삼아라.

너 자신 외에 너에게 평화를 가져다줄 수 있는 것은 없다.
_에머슨

평안한 마음을 찾는 방법

1. 모든 일은 서두르지 말고 침착하게 행동하라.
   돌다리도 두들겨보고 건너라는 선인의 말씀을 잊지 말고 천천히 여유를 가지고 행동하자.

2. 과욕은 금물, 욕심을 버려라.
   넘치면 부족한 것만 못하다. 자신이 가지고 있는 것을 부족하다 생각하지 말고 충분하다고 여기자.

3. 몸과 마음을 혹사시키지 말라.
   몸과 마음을 혹사시켜 목표를 달성한들 건강을 잃으면 결국 모든 것을 잃는다는 것을 명심하자.

4. 일을 놀이라 생각하고 즐겁게 하라.
   하는 일을 생계를 위해 하는 수단이라고 생각하지 말고 자신을 발전시킬 수 있는 수단이라 생각하자.

5. 모든 일에는 우선 순위를 정하여 처리하라.

일에는 순서가 있는 법이다. 아무리 바빠도 바늘허리에 실을 매어 쓸 수는 없는 것이다.

6. 한 번에 많은 일을 하려고 하지 말라.

오늘 해야 할 일을 정해 놓고 그 일에 최선을 다하자. 대신 오늘 할 일을 내일로 미루지도 말자.

7. 자신의 일에 최고가 되도록 노력하라.

맡은 일에는 최선을 다하고 최고가 되도록 하자. 관련된 일에 대한 정보를 부단히 수집하여 배우자.

8. 일을 시작하면 정열적으로 매진하라.

한 번 시작한 일은 열과 성을 가지고 임하자.

9. 실패나 좌절을 두려워말고 일을 시작하라.

최선을 다한 일에 대해서는 후회는 없다. 또한 실패와 좌절도 없을 것이다. 먼저 최선을 다했는지를 되돌아보자.

10. 나쁜 일일수록 빨리 잊어라.

현재 일어난 최악의 상황, 실패 등 부정적인 단어는 빨리 머릿속에서 지워버리고 새로운 시작을 준비하자.

가장 좋은 벗은 나 자신이며, 가장 나쁜 벗도 나 자신이다.
나를 구할 수 있는 가장 큰 힘도 내 자신 속에 있으며,
나를 해치는 무서운 칼날도 내 자신 속에 있다.
이 두 가지 중에서 어느 것을 좇느냐에 따라 나의 운명이 결정된다.
_웰만

내가 나를 위해 할 수 있는 것들

1. 존경하는 사람들을 닮아가도록 노력하라.

자신이 존경하거나 닮고 싶은 사람을 정해 놓고 그 사람의 말과 행동을 닮아가도록 노력하면 어느새 자신도 모르게 그와 닮아 있다는 것을 느끼게 될 것이다.

2. 자신을 과대 포장하지 말라.

자신의 능력을 과대 평가하지 말고, 또 무작정 좋게 잘 될 것이라고 생각하지 말며 그렇게 될 수 있도록 노력해야 한다.

3. 자신을 과소 평가해서도 안 된다.

자신의 능력을 과소 평가해서 해보지도 않고 '안 될 것이다.', '결국 그렇게밖에 안 된다.'라는 생각을 갖지 않도록 한다.

4. 칭찬, 비판도 감사의 마음으로 받아들여라.

칭찬은 물론이거니와 비판도 나를 생각하고 관심이 있기 때문에 해주는 것이다. 그것을 고맙게 수용하여 자기 발전의 계기로 삼아야 한다.

5. 독서를 통해 새로운 것을 배워라.

책은 무한 정보를 가지고 있는 보고이다. 필요한 것은 모두 책 속에 있다. 책을 최대한 활용하여 새로운 것을 익히자.

6. 먼저 인사할 줄 아는 미덕을 가져라.

모든 일을 시작하는 데 웃는 것만큼 그 시작을 좋게 하는 것은 없다. 만나는 사람마다 먼저 웃는 낯으로 인사를 해보자.

7. 세상은 그래도 살 만할 것이라고 믿어라.

흔히들 세상은 각박하다지만 가끔 신문지상에 보도되는 따뜻하고 훈훈한 이야기를 보며 세상을 밝게 보도록 하자.

8. 때와 시기를 놓치고 후회하지 않도록 해라.

모든 일에는 때와 시기가 있다. 주어진 기회와 위기를 자신이 한걸음 더 발전할 수 있는 계기로 삼아야 한다.

9. 내가 소중한 만큼 다른 사람도 소중하다는 것을 알아라.

내 자신, 내 가족, 나와 관련된 모든 것이 소중하다고 생각된다면 다른 사람들도 그렇게 생각한다고 믿어라. 그들을 인정해 주고 함께 살아가는 사회라는 것을 잊지 말자.

10. 피곤과 스트레스는 모든 병의 근원이므로 바로 풀어라.

오늘 할 일을 내일로 미루어서는 안 되듯이 피곤과 스트레스는 자신을 나태하게 하고 사고를 무디게 하는 적이다. 이는 쌓이지 않게 바로 해소해야 한다.

건전한 사고로 나를 다스리는 방법

1. 정당한 비판이라면 자기 잘못을 인정하고 수용할 수 있는 유연성을 가져라.

2. 자기의 주관으로 사람을 보지 말고 일반적인 견해로 사람을 보아 원만한 대인 관계를 유지하라.

3. 자기가 한 일에 대한 결과를 놓고 변명이나 책임을 다른 사람에게 전가하지 말고 회피하지 말라.

4. 알고 있는 분야에 더욱 정진하고 새로운 분야나 모르고 있던 분야에 대해 지식을 점차 넓혀가라.

5. 여가를 충분히 활용하여 즐기면서 에너지를 재충전하는 시간으로 삼아라.

6. 일을 닥치는 대로 하지 말고 하루, 한 달, 일 년 계획을 세워 실천하라.

7. 일상에서 발생한 스트레스는 건전한 방법으로 바로 해소하라.

8. 자신의 몸은 자신뿐만 아니라 자신과 관련된 사람들에게 소중한 것이므로 규칙적인 운동을 통해 건강을 지켜라.

9. 자신이 처해 있는 현실을 더 좋게, 더 나쁘게도 아닌 있는 그대로 받아들이고 그 타개책을 찾아라.

10. 건전한 사고에서 건전한 행동이 유발된다. 그러므로 매사에 긍정적으로 생각하고 행동하라.

삶을 의욕적으로 사는 방법

1. 행동하기 전에 먼저 확고하고 자신감에 찬 신념을 가지고 생각해라.

2. 과거를 돌이켜보아 현재에 반영하고, 계획과 사고는 미래를 지향하라.

3. 어떠한 어려움이 닥쳐도 극복할 수 있다는 용기와 이루어야 할 꿈을 잃지 말라.

4. 결과에 집착하지 말고 그 과정에서 최선을 다했다면 후회도 없다고 생각하라.

5. 꿈과 계획을 세우고 노력하면서 그 꿈과 계획을 성취한 자신의 모습을 자주 상상하라.

6. 하루에 세 번 자신을 되돌아보고, 잘못을 찾아내어 내일은 같은 잘못을 반복하지 말라.

7. 아무리 일에 쫓겨 바쁘다고 해도 남을 위해 기도할 수 있는 여유를 가져라.

8. 판단은 여유를 가지고 느긋하게 하며 실천은 빠르고 냉철하게 하라.

9. 목표를 달성하기 위해서는 어떠한 시련도 두려워하지 말고 어떠한 수고도 마다하지 말라.

10. 될 수 있다는 믿음 없이는 어떠한 것도 할 수 없다. 긍정적으로 생각하는 습관을 들여라.

그대가 추악하다고 생각하는 것은
내적인 자아에 대한 외적인 자아의 불신 행위에 지나지 않는다.
_칼릴 지브란

성공을 이끄는 방법

1. 시간은 돈이다. 돈을 함부로 낭비하지 말라.

2. 결코 포기 따위는 하지 말라.

3. 나태는 성공에 있어서 최대의 적임을 잊지 마라.

4. 생활과 사고는 단순하게 하라.

5. 목표를 향해 정진하라.

6. 자신에 대해 무관심하지 말라.

7. 나타난 결과에 대한 책임은 모두 자신에게 있다는 것을 명심하라. 남에게 책임을 전가하려 하지 말라.

8. 시간과 인생을 낭비하지 말라.

9. 결과에 대해 조급하지 말라.

10. 연습을 실전처럼, 실전을 연습처럼 하라.

11. 아무리 작은 일이라도 계획을 세워 실천하라.

12. 한 분야에 최고가 되더라도 한 가지에만 집착하지 말라.

13. 포기할 것은 일찌감치 포기하라.

14. 일을 즐기며 하라.

15. 끈기와 여유로 일을 처리하라.

16. 최선을 다해 후회를 남기지 말라.

17. 자신감을 가지고 적극적으로 시작하라.

18. 남에게는 약하고 자신에겐 강해라.

19. 시작할 때 마음을 끝까지 간직하라.

20. 자기 개발에 평생을 바쳐라.

21. 성공하려면 도전하라.

22. 작은 기쁨에도 감동할 줄 알라.

23. 걱정, 근심으로 자신을 억누르지 말고 떨쳐버려라.

24. 어려움이 닥치더라도 신념으로 극복하라.

25. 성공에 필요하다면 어떤 일이든 할 수 있다고 생각하라.

26. 목표를 정했다면 다른 것은 다음으로 미뤄라.

27. 혼자 일어나 스스로 걸어라.

28. 찾아온 기회를 놓치지 말라.

29. 오늘 실패가 내일의 성공에 밑거름이 됨을 잊지 말라.

30. 현실을 직시하고 미래를 예측할 수 있는 능력을 키워라.

행복으로 이끄는 작은 실천

1. 힘들거나 외로울 땐 좋아하는 시를 외워보아라.

2. 다른 사람들의 약점은 덮어주고 장점을 찾아 칭찬해 주고 그 장점을 배워보아라.

3. 결단은 많은 생각 끝에 내리고 실천은 곧바로 해라.

4. 어머니와의 대화를 통해 마음의 안정을 유지하라.

5. 사랑하는 사람에게 진심으로 '사랑해.' 라고 말해보아라.

6. '미안해.' 라고 말할 때는 상대방의 눈을 바라보면서 하라.

7. 퇴근길에 꽃 한 송이를 사서 사랑하는 사람에게 주어라.

8. 필요 이상으로 사거나 먹지 말고 절제하며 살아라.

9. 나 외에 다른 사람을 위해 봉사하는 시간을 가져라.

10. 안 풀리는 일이 있을 때에는 이를 닦고, 세수를 해보아라.

11. 세상에는 고민 없이 사는 사람이 없다는 것을 잊지 말라.

12. 가끔은 가장 좋아하는 음식을 천천히 먹어라.

13. 약속 시간보다 항상 먼저 가서 기다려라.

14. 차분하게 유언장을 써보라.

15. 전화를 걸거나 받을 때는 항상 웃어라.

16. 누워서 눈을 감고 내리쬐는 따사로운 햇볕을 만끽해 보라.

17. 오랫동안 못 만난 친구에게 약속도 하지 않고 무작정 찾아가 보라.

18. 맨발로 흙의 감촉을 느껴보아라.

19. 자신의 능력으로 변화시킬 수 없는 것은 차분하게 받아들여 자신의 것으로 만들어라.

20. 몸과 마음을 편안하게 하고, 항상 생동감 넘치게 유지하여 활력을 잃지 않도록 하라.

나는 나 자신을 빼놓고는 모두 안다.
_비용

건강한 삶을 사는 방법

1. 하루 7~8시간 충분한 휴식을 취하라.
   내일을 위해 오늘을 희생하지 말라. 오늘의 희생은 내일을 힘들게 할 뿐이다.

2. 화를 내지 말 것이며 화를 냈다면 곧 풀어라.
   어떤 일이 있어도 화를 내지 말자. 화를 내는 것은 판단을 흐리게 하고 건강에도 치명적이다.

3. 인스턴트 식품을 피하라.
   단지 편하다는 이유로 인스턴트 식품을 즐기지 말자. 영양이 담긴 음식을 느긋하게 먹는 것이 좋다.

4. 술과 담배를 피하라.
   담배는 절대로 끊어야 하고, 술은 분위기에 맞추어 취하지 않을 정도만 마셔야 한다.

5. 포만감을 불러 두뇌 회전을 느리게 하는 간식은 삼가라.

과식은 나태로 나타난다. 적당히 먹는 것이 두뇌 회전을 빠르게 하고 행동하는 데도 지장을 없게 한다.

6. 짧은 시간이라도 규칙적으로 운동을 하라.

현대인에게 가장 부족한 것이 운동이다. 한꺼번에 많은 운동을 하기보다는 조금씩이라도 규칙적으로 건강을 유지해야 한다.

7. 아침 식사는 거르지 말라.

허기가 지면 생각이 그곳에 집중되어 예리하고 냉철한 사고를 하는데 방해가 되어 업무에도 몰두할 수 없게 된다.

8. 여유를 가지고 느긋하게 살아라.

일이나 삶에 쫓기며 살지 말자. 조금만 생각을 바꾸면 여유가 생기게 된다는 것을 잊지 말자.

9. 몸 관리만큼 정신 관리에도 유의하라.

정신은 육체를 움직이는 원동력이다. 쓸데없는 생각으로 정신 건강을 해치지 말아야 한다.

10. 과민하게 대응하지 말고 한 가지에만 집착하지 말라.

결과를 놓고 좋으니 나쁘니 집착하지 말고 원인을 먼저 생각해 보아야 한다. 뿌린 만큼 거두는 것이니 결코 흥분할 일도 아닌 것이다.

삶을 보다 행복하게 사는 방법

1. 자신의 삶이 나태하지 않도록 계획을 세워 규칙적인 생활을 하라.

2. 첫인상은 모든 사람에게 아주 중요하게 인식되므로 자신의 외모에 조금만 더 신경을 써라.

3. 현재 진행하고 있는 일을 포기하지 않도록 자기 자신을 격려하여 계속하라.

4. 자신의 감정에 억눌려 마음속에 쌓지 말고 발산할 수 있는 매체를 찾아 풀어라.

5. 어떤 난관과 장애물도 회피하지 말고 용기를 가지고 극복할 수 있도록 노력하라.

6. 업무나 사람에 대해 불평, 불만을 말하기 전에 자신을 되돌아보아라.

7. 자신의 능력을 팔려고 하지 말고 그 능력을 남이 사가도록 만들어라.

8. 일이 힘들다고 생각되면 일을 떠나 일과 관련 없는 취미 활동을 통해 에너지를 충전하라.

9. 노력하지 않은 채 남과 비교해서 자신의 현재 상태를 비하하거나 불행하다고 하지 말라.

10. 정신 건강을 위해 아주 작은 것이라도 감동받을 수 있는 대상을 찾아라.

강한 신체는 정신을 강하게 만든다.
_토머스 제퍼슨

하루를 만족하며 사는 방법

1. 즐거운 마음으로 일찍 일어나 아침을 맞이하라.

2. 시간은 한정되어 있다. 어떻게 활용할 것인가를 염두에 두어라.

3. 남이 하는 대로만 따라해서는 안 된다. 수동적인 사람이 되지 말고 능동적이 사람이 되어라.

4. 오늘은 다시 돌아오지 않는다. 오늘을 최대한 활용하지 않고 내일이 있다고 말하지 말라.

5. 때론 단순하고 천천히 생각하는 것에서 뜻밖의 결과가 나타날 수 있다는 사실을 잊지 말라.

6. 밝고 긍정적인 마음으로 문제를 대하라.

7. 일을 통해서 나를 발전시킨다고 생각하며 일을 즐겨라.

8. 할 만한 가치가 있다고 판단되었다면 즉시 시작하고 최선을 다하라.

9. 내일 해야 할 일을 오늘 준비하라.

10. 하루를 마무리하면서 자신을 되돌아볼 수 있는 여유를 가져라.

만족을 알아 항상 만족하게 여기면, 한평생 욕을 보지 않을 것이다.
그만둘 때를 알아서 그만두면, 한평생 부끄러움이 없을 것이다.
_명심보감

압박감으로부터 벗어나는 방법

1. 긍정적인 사고 방식으로 세상을 보도록 노력해 보아라.

2. 가지고 있는 것에 대해 꽉 잡고 집착만 하지 말고 남을 위해 베풀 수 있는 방법을 찾아보아라.

3. 가장 일반적이고 보편적인 기준을 설정하고 이를 지켜보아라.

4. 항상 좋은 결과에만 집착하지 말고 과정을 중시해 보아라.

5. 안 되는 일이 있다면 잠시 잊고 편안한 마음을 가져보아라.

6. 능력 밖의 일에 매달리지 말고 능력에 맞는 일에 계획을 짜서 실행해 보아라.

7. 시간에 쫓겨 일하지 말고 할 일을 찾아서 먼저 시행해 보아라.

8. 자기 자신을 속이지 말고 솔직해 보아라.

9. 어떤 시련과 고난 앞에서도 결코 꿈과 용기를 잃지 말고 의연하게 대처해 보아라.

10. 평소 싫어하는 일이나 남을 의식해서 꺼려했던 일도 자꾸 해보아라.

비참하게 되는 비결은 당신이 행복한지 아닌지를
따질 수 있는 여유를 가지는 것이다.
_버나드 쇼

자신을 발전시키는 방법

1. 자신을 압박하고 있는 고정 관념에서 탈피해라.

2. 새로운 것을 배우는 데 있어 질문하는 것을 두려워하지 말라.

3. 자신은 자기가 가장 잘 아는 것이다. 자신이 알고 있는 것을 객관적으로 보고 잘못된 것은 고쳐라.

4. 이루어야 할 목표를 정했다면 어떤 고난과 시련 앞에서도 좌절하지 말라.

5. 일을 처리함에 있어서 위축되거나 눈치를 보지 말라.

6. 항상 현재에 충실하면서 이를 바탕으로 미래를 예측하여 전략에 맞는 전술을 세워라.

7. 신문, 방송, 인터넷, 대인 관계 등 다양한 경로를 통해서 많은 정보를 얻는 데 주저하지 말아라.

8. 자신의 소극적인 성격을 과감히 개선하라.

9. 다양한 사람들과 만나 지식 공유를 통해 지식의 폭을 넓혀라.

10. 최선을 다해 오늘에 임하고 하루를 반성하여 내일을 계획하여라.

진보란, 필요한 것은 가능하다는 신념에서 시작된다.
_카존즈

자존심을 지키기 위한 방법

1. 업무를 추진할 때 허락받지 말고 선언하라.

2. 대화를 할 때는 상대방의 눈을 바라보라.

3. 자신의 생각에 확실한 소신을 가지고 상대방을 설득할 수 있는 능력을 키워라.

4. 이미지 관리를 해라. 절대로 자신의 이미지에 손상을 줄 수 있는 말은 하지 말라.

5. 싫은 것은 단호히 '아니오.' 라고 대답하라.

6. 상대방의 장단점을 파악해라.

7. 대화가 제대로 되지 않는다면 일단 유보하라.

8. 담당자보다 그 상사와 대화를 유도하라.

9. 자신의 업무에 대한 지식뿐만 아니라 여러 분야에 걸쳐서 지식을 쌓아 다양한 분야의 사람들과 교제하라.

10. 첫인상에 승부를 걸어라.

자존심이야말로 의식주보다 고귀한 것이다.
_제퍼슨

남을 설득하는 방법

1. 모든 사람을 설득시킬 수 있다는 자신감을 가지고 대화에 임하라.

2. 나의 입장이 아니라 상대방의 입장에서만 말하고 혼자 말을 많이 하기보다는 많이 들어라.

3. 한 번에 설득해서 일을 성사시킨다는 생각은 버리고 삼고초려의 자세를 갖춰라.

4. 처음부터 설득할 내용을 가지고 대화하지 말고 다른 화제로 대화를 나누어라.

5. 상대방에게 작은 것을 양보함으로써 더 큰 것을 얻을 수 있다는 것을 잊지 말라.

6. 설득을 위해서는 미리 상대방에 대한 것을 파악하고 이를 활용하라.

7. 상대방이 결정을 내릴 수 있도록 모든 정보를 제공하라.

8. 명확하고 힘 있게 유머와 위트를 가지고 대화를 이끌고 강요가 아닌 부탁을 해라.

9. 어떤 경우도 상대방과의 언쟁은 피하고 상대방의 말에 긍정적인 반응을 보여라.

10. 설득했다고 끝나는 것이 아니고 다음을 위해 상대가 계속해서 나에 대해서 호감을 가질 수 있도록 하라.

남을 설득하려고 할 때는 자기가 먼저 감동하고,
자기를 설득하는 데서부터 시작해야 한다.
_칼라일

자신의 일을 이룰 수 있는 방법

1. 하고 싶은 일보다 꼭 해야 할 일을 먼저 해라.

2. 일을 실현하기 위해서 시간과 관심을 최대한 집중하라.

3. 눈앞의 결과에 집착하지 말고 멀리 보라.

4. 실패했다면 좌절하지 말고 원인을 분석하고 다시 도전하라.

5. 같은 목표를 가진 사람들과 만나 정보를 구하라.

6. 계획대로 진행되고 있는가를 확인하라.

7. 전략은 일관되게, 전술은 다양하게 적용하라.

8. 아무리 나쁜 상황에 닥치더라도 실패했을 경우를 생각하라.

9. 일을 추진함과 동시에 자신의 개발에도 충실하라.

10. 오늘 이루어야 할 일을 내일로 미루지 말라.

착하고 올바르게 사는데 따른 보상이 무엇입니까?
그렇게 사는 가운데 기쁨을 누리는 것이 그 보상입니다.
그것 이외에 다른 것을 바란다면 기쁜 마음이 없어지는 법입니다.
_톨스토이

스트레스에서 벗어나는 방법

1. 아침에 10분 일찍 일어나 마음을 가다듬고 명상의 시간을 가져라.

2. 하루의 일과를 계획을 세워 행동하라.

3. 읽기 부담 없는 책을 가지고 다니며 틈틈이 읽어 마음의 안정을 찾아라.

4. 항상 긍정적으로 생각하고 웃어라.

5. 어려움이 생기면 혼자 고민하지 말고 친구나 전문가에게 상담을 의뢰하라.

6. 쌓인 스트레스를 풀 수 있는 취미 생활을 가져라.

7. 아무에게도 방해받지 않고 하고 싶은 일을 할 수 있는 나만을 위한 공간을 가져라.

8. 가슴을 활짝 펴고 좋은 시를 소리 내어 읽거나 큰 소리로 노래를 불러라.

9. 하기 싫고 부담이 되는 일은 잠시 잊고, 쉽고 하고 싶은 일로 기분을 전환해라.

10. 규칙적인 운동을 통해 쌓인 스트레스를 땀과 함께 흘려보내라.

내 활력의 근원은 낮잠이다.
낮잠을 자지 않는 사람은
뭔가 부자연스러운 삶을 살고 있는 것이리라.
_처칠

좋은 인간 관계를 유지하는 방법

1. 많은 말을 하기보다는 많은 말을 들어라.

2. 상대방이 편안하게 일을 하거나 말을 할 수 있는 여건을 만들어주어라.

3. 상대방의 인격과 의견을 무시하면서까지 자신의 의견을 관철시키려 하지 말라.

4. 상대방의 말에 긍정적인 태도를 취하라.

5. 업무를 추진하는 데 있어 상대방이 아니면 안 된다는 생각이 들게 하라.

6. 상대방이 필요로 할 때 그곳에 있어라.

7. 일을 시킬 때에는 강요하지 말고 부탁하여 자발적으로 임해서 보다 효과적인 좋은 결과를 가져올 수 있게 하라.

8. 상대방이 하고 있는 일에 대해 성취감과 속해 있는 집단에 소속감을 느낄 수 있게 하라.

9. 눈앞의 결과에 집착하여 상대방에게 초조함과 불안감을 주지 말라.

10. 상대방이 안고 있는 고민을 들어주고 그 해결책을 제시해 주어라.

물이 너무 맑으면 큰 물고기가 없다.
_후한서

자신의 뜻을 이루기 위한 방법

1. 반드시 이룰 수 있다는 확신을 가져라.

2. 중도에 포기하면 안한 것만 못하다는 생각을 가지고 좌절하지 말고 용기를 가지고 계속해라.

3. 실패를 두려워하지 말고 지금 당장 시작하라.

4. 현재 하고 있는 일에 최선을 다해 부지런히 하라.

5. 매일 할 수 있다는 자기 암시를 통해 각오를 새롭게 하여 자신을 무장시켜라.

6. 하루를 반성함으로써 내일을 설계하라.

7. 못해서 안 되는 것이 아니라 안해서 못한다고 생각하라.

8. 내가 살길은 이 길밖에 없다는 각오로 한 우물만 계속해서 파라.

9. 작은 목표 달성에도 크게 기뻐하고 더 큰 목표를 달성할 수 있게 매진하라.

10. 불필요한 것에 시간과 정열을 낭비하지 말라.

신념을 갖지 않는 한, 남에게 신념을 줄 수 없다.
스스로 납득이 가지 않는 한, 남을 설득시킬 수 없다.
_매슈 아놀드

대화 중 남을 위해 할 수 있는 가장 쉬운 것

1. 대화를 지속하려면 혼자 많은 말을 하지 말라.

2. 자신에 대한 이야기를 너무 많이 하여 듣는 사람이 대화에 싫증을 느끼지 않게 하라.

3. 현재 없는 사람을 비판하거나 험담하지 말라.

4. 상대방의 이야기를 다 들어보지도 않고 지레 짐작으로 속단하지 말라.

5. 상대방이 내 의견에 동의하기를 원하면서 듣기 좋은 말로 상대방의 비위를 맞추지 말라.

6. 상대방이 말을 할 때 주의깊게 들어주며 중간 중간 말의 반응을 살펴라.

7. 같은 생각을 하면서도 반대를 위한 반대로 토론하지 말라.

8. 상대방의 의견이 자신의 생각과 다르다고 해서 혹은 의견이 틀리다고 해서 상대방을 무시하는 말을 하지 말라.

9. 여러 분야에 지식을 넓혀 대화를 이끌 수 있는 소재를 준비하라.

10. 말을 하기 전에 상대방을 배려하라.

남을 미워한 결과로 받게 되는 대가는 자신에 대한 사랑의 부족이다.
_엘드리지 클리버

말하기를 꺼리지 말아야 할 단어

1. 싫을 때 '싫다.' 고 말하기를 꺼리지 말라.

2. 실수를 했을 때 '미안합니다.' 라고 말하기를 꺼리지 말라.

3. 남이 잘했을 때 '잘했다.' 라고 말하기를 꺼리지 말라.

4. 도움을 받았을 때 '고맙습니다.' 라고 말하기를 꺼리지 말라.

5. 자기가 잘못했을 때 '제가 실수했습니다.' 라고 말하기를 꺼리지 말라.

6. 모를 때 '모른다.' 라고 말하기를 꺼리지 말라.

7. 어려움에 닥쳤을 때 다른 사람에게 '도와주십시오.' 라고 말하기를 꺼리지 말라.

8. 처음 보았을 때 '안녕하세요.' 라고 말하기를 꺼리지 말라.

9. 남이 사과했을 때 '괜찮습니다.' 라고 말하기를 꺼리지 말라.

10. 연인을 위해 '사랑합니다.' 라고 말하기를 꺼리지 말라.

당신이 사랑받고 싶다면 사랑받을 만한 가치가 있는 사람이 되어라.
_오비디우스

자신감을 갖기 위한 방법

1. 매사에 자신감을 가지려면 많은 사람이 모인 곳에서 남의 시선을 의식하지 말고 맨앞에 앉아보아라.

2. 어떤 장애물도 피하려 하지 말라. 문제를 해결하는 데는 항상 어려운 난관이 있게 마련이므로 그 어려운 점이 무엇인가 잘 검토하여 제거하라.

3. 어깨를 펴고, 가볍고 당당하게 걸어라.

4. 처음 만나는 사람에게 주저하지 말고 먼저 말을 걸어라.

5. 남의 시선을 의식해서 평소 하기 꺼려했던 행동을 큰맘 먹고 자주 하라.

6. 존경하는 사람을 정해 놓고 그 사람의 말과 행동을 닮도록 노력하라.

7. 자신의 결심이 흔들리면 이를 이기기 위해 심호흡을 하고 크게 소리 내어 외쳐보라.

8. 아침을 경건하고 활기차게 맞이하여 오늘 할 일을 정리하여 다시 한 번 각인시켜라.

9. 나의 말과 행동에 크게 신경 쓰는 사람은 많지 않으니 남의 시선을 너무 의식하지 말라.

10. 불확실한 미래나 일에 대해 미리 겁먹지 말고 현재에 충실하라.

당장 시작해 보라.
단, 성급하게 실현하려고 생각해서는 안 된다.
_디오도어 루빈

소외당하기 쉬운 행동

1. 현재 없는 사람을 비난한다면 남들은 당신을 소외시키게 된다.

2. 대화할 때 자기 얘기만 한다면 남들은 당신을 소외시키게 된다.

3. 남이 말할 때 끼어들어 말을 가로막는다면 남들은 당신을 소외시키게 된다.

4. 자기의 의견과 맞지 않는다고 타인의 말을 무시한다면 남들은 당신을 소외시키게 된다.

5. 듣기 좋은 말로 상대의 비위를 맞춘다면 남들은 당신을 소외시키게 된다.

6. 항상 자기만을 생각한다면 남들은 당신을 소외시키게 된다.

7. 상대방의 존재를 무시한다면 남들은 당신을 소외시키게 된다.

8. 힘든 일을 할 때 뒤로 빠진다면 남들은 당신을 소외시키게 된다.

9. 상대방의 단점을 꼬박꼬박 지적한다면 남들은 당신을 소외시키게 된다.

10. 자신의 잘못을 인정하지 않는다면 남들은 당신을 소외시키게 된다.

우리의 일생은 타인에게 얽매여 있다.
타인을 사랑하는 데에 인생의 반을 소모하고,
나머지 반은 타인을 비난하는 데에 소모한다.
_조제프 주베르

내가 지금 해야 할 것들

1. 먼저 가정에서 인정받아라.

2. 정도를 걸어라.

3. 알고 있는 사람들을 늘 생각하라.

4. 어느 한쪽의 말을 듣고 판단하지 말라.

5. 주위의 의견과 충고를 수렴하라.

6. 현재 없는 사람들을 험담하지 말라.

7. 확신을 갖고 결단을 내려라.

8. 자기 개발을 뒤로 미루지 말라.

9. 계획을 세워 일을 추진하라.

10. 자투리 시간을 최대로 활용하라.

11. 적극적이고 긍정적인 사고를 하라.

12. 유머 감각을 잃지 말라.

13. 시작할 때처럼 마무리를 잘하라.

14. 실패를 두려워하지 말고 그 원인을 찾아라.

15. 말하기보다는 듣는 데에 주의를 기울여라.

16. 결과에 집착하지 말고 현재에 충실하라.

현명한 사람이 되는 조건

1. 자신의 약점을 파악하고 상대방과 비교하여 자신의 약점을 보완할 장점을 찾아 자신의 것으로 만든다.

2. 편견이나 욕심을 버리고 중용을 지킨다.

3. 상대방의 물음에 대답할 때는 당황하지 말고 아는 대로 조리 있게 말한다.

4. 모르는 것에 대해 어느 누구에게든지 질문하기를 망설이지 않는다.

5. 처리하고자 하는 일에 우선 순위를 결정한다.

6. 아는 척하지 말고 모르는 것을 인정한다.

7. 상대방의 의견을 수렴하여 자기 의견과 비교해 개선한다.

서두르지 말라. 행운이나 명성도 일순간에 생기고 일순간에 사라진다.
그대 앞에 놓인 장애물을 달게 받아라.
싸워 이겨 나가는 데서 기쁨을 느껴라.
_앙드레 모로아

자신감을 갖는 방법

1. 자신감을 가지려면 성공의 설계도를 그리고, 그것이 지워지지 않도록 마음속에 강하게 새겨두어라.

2. 좌절감에 빠질 때마다 더 힘든 상황을 생각하여 기분을 전환하고 적극적으로 대처하라.

3. 하지 않아도 되는 고민으로 마음을 빼앗겨서는 안 되며 현재의 상황을 직시하여 성공의 장애물을 제거하라.

4. 타인의 권위나 위협에 눌려 그들의 겉모습에 현혹되거나 흉내 내려고 하지 말라. 어떤 외압과 위협에도 타협하거나 굴복되지 않도록 정도를 걸어라.

5. 할 수 있다는 신념을 가지고 최선을 다하라.

6. 자신을 잘 알고 곁에서 힘이 되어줄 조언자를 구하라. 성공을 향해 매진하는 당신이 간과하게 되는 것을 지적해 주고 방향을 잡아줄 수 있는 조언을 받아들여라.

7. 힘들어질수록 자신의 생활 신조를 하루에 10번씩 외쳐 사기를 진작시켜라.

8. 자기 자신의 능력을 정당하게 평가해 부족한 부분을 채우려 노력한다.

9. 항상 혼자가 아니라 나를 지켜주는 이와 내가 지켜야 할 사람들이 존재한다는 사실을 명심하라.

10. 적극적이고 긍정적인 사고 방식으로 삶에 임하며, 남에게 베풀며 생활하라.

건강을 유지하는 방법

1. 화는 적게 내고 많이 웃어라.

2. 고기는 적게 먹고 야채는 많이 먹어라.

3. 욕심을 버리고 베풀 수 있는 마음을 가져라.

4. 말은 적게 하고 많이 듣고 행동하라.

5. 고민은 적게 하고 잠은 충분히 자라.

6. 옷은 적게 입고 자주 목욕하라.

7. 음식은 천천히 적게 먹고 생각은 많이 하라.

8. 차는 적게 타고 많이 걸어라.

9. 단 음식은 적게 먹고 과일은 많이 먹어라.

10. 인스턴트 식품은 피하고 담백한 음식을 많이 먹어라.

건강을 유지하는 것은 자신에 대한 의무이며,
또한 사회에 대한 의무이다.
_프랭클린

자신의 몸을 관리하는 방법

1. 아무리 바빠도 아침을 거르지 말라.

2. 위에 부담을 줄 정도로 많이 먹지 말라.

3. 충분한 수면으로 피로를 풀어라.

4. 규칙적으로 적당한 양의 운동을 하라.

5. 과음은 실수를 유발하고 다음날에도 영향을 미치므로 자제하라.

6. 담배를 피우지 말라.

7. 건강은 건전한 마음에서 출발한다는 것을 잊지 말라.

화목한 가정을 만드는 방법

1. 가족 모두 가사에 참여하도록 하라.
   보기에 쉬워 보이는 일이라도 막상 하려고 하면 힘든 것이다. 가정의 일은 주부가 하는 것이라 생각하지 말고 자신이 쉽다고 생각했던 것부터 시작해 보자.

2. 가족이 함께할 수 있는 놀이나 운동을 개발하라.
   가정의 화목은 대화에서부터 출발한다. 대화를 유도할 수 있는 가족간 놀이나 운동 등 다양한 소재를 만들어 보자.

3. 함께 여가를 즐기고 여행을 떠나라.
   가족회의를 통해 여행지와 날짜를 정해 여행을 떠나보자. 가족간의 유대감이 커지는 만큼 화목함도 커진다.

4. 꾸중보다는 칭찬을 먼저 해라.

가족이라는 생각을 한 번만 해보자. 어떠한 잘못도 용서될 것이고 어떠한 행동도 칭찬하고 받을 수 있을 것이다.

5. 가족 구성원의 장점을 배워라.

매일 마주치는 가족간에도 각자의 장점은 얼마든지 있다. 서로의 장점을 칭찬해 주고 자신도 배워보자.

6. 서로에게 감사할 줄 아는 마음을 가져라.

가정은 작은 사회이다. 서로의 역할을 묵묵히 다함으로써 가정은 화목하게 된다. 사소한 일에도 감사해야 한다.

7. 무슨 일을 하기 전에 가족을 먼저 생각하고 상의하라.

어떤 일을 할 때는 과연 자신의 행동이 가족에게 어떤 영향을 미칠 것인가를 생각하고 될 수 있으면 의논해서 결정한다.

8. 가족의 충고를 귀담아 들어라.

충고는 관심 있는 사람에게 하는 고마운 말로 받아들여 고치도록 노력한다.

9. 가정에 충실한 것이 나의 발전임을 명심하라.

가족 구성원이 각자 맡은 일에 충실하게 되면 어떤 어려움도 쉽게 극복되어 가정의 화목이 찾아오게 되고 그것이 곧 나의 발전에도 도움이 되는 것이다.

10. 나보다 가족 전체를 먼저 생각하라.

자신만의 이기적인 생각과 행동을 삼가고 전체를 생각하여 모두에게 도움이 될 수 있도록 한다.

제2장

부모와 자녀에 관한 글

자녀에게 길러주어야 할 것

1. 자녀에게 일을 시킬 때는 언제, 어떻게 할 것인가의 선택권을 주어라.

   사회는 한 개인에 의해서만 이루어진 곳이 아니라 각 개인이 모여서 영위되는 것이다. 따라서 자녀에게 집안일과 심부름 등을 시킴으로써 소속감과 책임감을 길러주어야 한다.

2. 해야 할 일의 기준을 정한다.

   자녀가 해야 할 일을 정해 준다. 먼저, 하기 쉽고 흥미있는 일부터 하게 하여 동기를 유발시키고 점차 스스로 알아서 일을 처리할 수 있도록 배려하여 독립심과 성취감을 길러주어야 한다.

3. 맡아서 하는 일은 끝까지 마무리 짓게 한다.

   시킨 일이나 맡아서 해야 할 일에 대해서는 끝까지 책

임지고 마무리를 짓도록 한다. 중도에 힘들어하거나 싫증을 내어 포기한다고 해서 결코 부모가 나서서 그 일을 대신해 주어서는 안 되며, 곁에서 도움을 주어 일을 마칠 수 있도록 협동심과 참을성을 길러주어야 한다.

4. 맡은 일을 잘 이행했다면 반드시 칭찬과 격려를 한다.

시킨 일이나 맡아서 한 일을 제대로 끝냈다면 결과에 대한 칭찬과 격려를 아끼지 않아 감사할 줄 아는 마음과 자부심을 길러주어야 한다.

5. 해야 할 일에 대해 끝내야 할 시간을 정해 준다.

맡은 일이나 해야 할 일에 대해서는 끝내야 할 시간을 정해 놓고 그 시간 안에 일을 끝낼 수 있도록 하여 규칙 준수와 도덕심을 길러주어야 한다.

교육은 학교를 졸업함으로써 끝나는 것이 아니고
일생 동안 계속해야 하는 것이다.
_존 라보크

가정에서 꼭 실천해야 할 행동

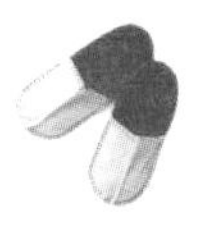

1. 자녀에겐 사랑으로 대하고, 부모님은 효로써 공경한다.
   자녀는 너그러운 마음으로 키우며, 부모님은 마음에서 우러나오는 공경심으로 대해야 한다.

2. 부부 싸움을 삼가고 서로 존중한다.
   부모의 부부 싸움을 보고 자란 자녀들은 그와 같은 행동을 되풀이한다는 것을 잊지 말아야 한다.

3. 자녀들을 차별하지 말고 다른 자녀와 비교하지 않는다.
   사랑하는 마음에 다른 사람과 비교하여 책망하는 것은 오히려 자녀의 정서에 악영향을 미치게 된다.

4. 자녀를 자주 안아주어 부모의 애정을 느끼게 한다.

따뜻한 마음으로 자녀를 안아줌으로써 그 애정을 느낀 아이는 남을 배려할 줄 아는 심성을 갖게 된다.

5. 자녀와 대화를 많이 나눈다.

부모의 무지에서 오는 자녀 교육의 실패가 너무 많다. 대화를 통해 자녀가 안고 있는 고민을 파악하여 대처하도록 한다.

6. 화가 나더라도 참고 이해하고 극복하는 모습을 보여준다.

일상 생활에서 짜증나고 화가 나는 일이 있더라도 자녀 앞에서는 결코 화를 내지 말고 이를 이겨내 자녀에게 그와 같은 참을성을 배울 수 있도록 한다.

7. 자녀에게 인사하는 습관을 길러준다.

만나는 사람마다 먼저 인사하는 모습을 보여주자. 자라나는 자녀도 부모를 따르게 된다.

8. 가까운 거리는 자녀와 함께 걷는다.

일시적인 편안함보다 땀을 흘리며 함께 걸으면서 대화를 나누어 보자.

9. 청결을 유지하게 한다.

외출했다가 돌아오면 손발을 씻고, 자주 목욕을 하게 함으로써 건강에 유의하도록 한다.

10. 받기보다는 베푸는 것을 보여준다.

자기 자신만 아는 이기심보다는 다른 사람들을 배려할 줄 알고 베풀 줄 아는 자녀가 되게 하라.

자녀가 부모에게 진정으로 바라는 것

1. 나를 특별한 사람으로 대해 주세요.

   사랑으로 낳은 세상에 하나밖에 없는 존재에 대해 좀 더 특별한 관심을 가지고 보아라.

2. 나를 따뜻하고 친절하게 보살펴주는 부모가 되어 주세요.

   자녀가 쉽게 좌절하거나 포기하지 않도록 언제나 사랑으로 감싸주고 보살펴주어라.

3. 나에게 꾸중보다는 칭찬과 격려의 말을 먼저 해주세요.

   자녀가 잘못하는 일이 있더라도 꾸중보다는 너그러운 마음을 가지고 따뜻하게 격려를 해주어라.

4. 나를 이해해 주는 부모님이 되어 주세요.

자녀의 적성과 소질을 파악하여 자녀가 그 꿈을 이룰 수 있도록 도와주어라.

5. 나의 생각을 표현하게 하고 인정해 주세요.

자녀의 말과 행동을 비난하지 말고 이해하도록 노력하라.

6. 나의 친구를 부모님의 시각으로 보고 무조건 막지 마세요.

자녀가 사귀는 친구를 자녀와 같이 생각하고 자녀를 대하듯 친구를 대해 주어라.

7. 나에 대해 한 번 더 관심을 가지고 애정으로 내가 하는 일을 지켜봐 주세요.

어리다고 무엇이든지 제대로 못할 것이라고 생각하지 말고 관심을 가지고 곁에서 조언을 해주어라.

8. 부모님이 먼저 행복한 모습을 보여주세요.

자녀에게 행복하게 살라고 말하기 전에 부모가 먼저 다정하고 행복하게 사는 모습을 보이면서 자녀가 그것을 닮아가도록 유도하라.

9. 나를 독립된 인격체로 대해 주세요.

부모의 소유물이 아닌 사회 생활에 적응해 나가는 하나의 독립체로 인정해 주고 인격적으로 대해 주어라.

10. 부모님께서 가정을 위해 화목한 분위기를 만드세요.

화목한 가정에 문제아란 없으니 친구, 성적 문제로 화내지 말고 오히려 따뜻한 말 한 마디로 격려해 주어라.

가정은 나의 대지이다.
나는 그곳에서 정신적인 영양을 섭취하고 있다.
_펄벅

우린 어머니의 이런 모습이 좋아요

1. 우리가 매사에 좌절하지 않도록 용기와 자신감을 심어주는 어머니.

2. 우리들의 고민과 생각을 이해하려고 하고 대화로써 문제를 해결하는 어머니.

3. 남과 비교하지 않고 우리가 가지고 있는 소질과 적성을 파악하여 조언을 해주는 어머니.

4. 우리를 부모님의 소유물이 아닌 독립된 인격체로서 존중해 주는 어머니.

5. 아버지의 권위를 인정하고 존경하는 어머니.

6. 우리와의 약속은 어떠한 일이 있어도 꼭 지키는 어머니.

7. 우리를 믿고 우리가 스스로 결정하고 행동할 수 있게 해주는 어머니.

8. 우리들의 성적에만 연연하지 않고 일관성 있는 교육관을 가진 어머니.

9. 남에게 피해를 주면서까지 편안함을 추구하는 방법보다 올바른 가치관을 심어주는 어머니.

10. 우리를 대하는 것과 똑같이 우리의 친구를 사랑으로 너그럽게 보아주는 어머니.

아이들에게는 과학을 가르치는 것이 아니다.
단지 과학에 취미를 붙여주면 족하다.
_루소

우린 아버지의 이런 모습이 좋아요

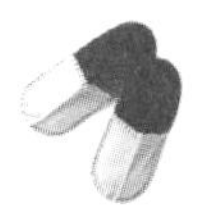

1. 올바른 가치관을 심어주며, 능력과 적성에 맞는 진로를 선택할 수 있도록 관심을 가져주는 아버지.

2. 겉은 엄격하면서도 속으론 따뜻한 마음으로 뒤에서 든든한 후원자가 되어주는 아버지.

3. 우리를 믿어주고 독립심과 자립심을 키워주는 아버지.

4. 바쁜 시간을 쪼개가면서도 가족과 함께 여가를 즐기는 아버지.

5. 우리와의 대화를 위해 우리들이 가지고 있는 관심거리에 관심을 기울이는 아버지.

6. 말을 앞세우기보다 계획과 실천으로 우리를 가르치는 아버지.

7. 우리뿐만 아니라 우리의 친구와 다른 사람도 배려할 줄 아는 아버지.

8. 매사를 근면하고 일관되게 처리하는 강직한 아버지.

9. 스승을 존경하고 학교를 신뢰하는 아버지.

10. 현실에 충실하며 미래를 설계하는 아버지.

좋은 아버지는 백 사람의 선생보다 낫다.
_조지 허버트

부모은중경(父母恩重經)

1. 懷耽守護恩(회탐수호은) 나를 낳아서 보호하고 지켜주며 길러주시는 은혜.

2. 臨産受苦恩(임산수고은) 나를 낳으실 때 산고도 마다않으신 은혜.

3. 生子忘憂恩(생자망우은) 나를 낳고서야 근심을 잊으신 은혜.

4. 咽苦吐甘恩(인고토감은) 쓴 것은 삼키고 단 것만은 뱉어서 먹이신 은혜.

5. 回乾就濕恩(회건취습은) 진자리 마른자리 갈아 뉘신 은혜.

6. 乳哺養育恩(유포양육은) 젖을 먹여 키워주신 은혜.

7. 洗濯不淨恩(세탁부정은) 더러움을 씻어주신 은혜.

8. 遠行憶念恩(원행억염은) 먼 길 떠난 자식을 염려하시는 은혜.

9. 爲造惡業恩(위조악업은) 나를 위해 온갖 고생을 하신 은혜.

10. 究竟憐愍恩(구경연민은) 끝없이 사랑으로 보살피시는 은혜.

자녀가 가정에서 배우는 것들

1. 갈등과 충돌이 계속되는 가정에서 자녀들은 다툼을 배운다.

2. 두려움과 초조가 있는 가정에서 자녀들은 염려를 배운다.

3. 조롱의 언행이 표현되는 가정에서 자녀들은 부끄러움을 배운다.

4. 수치심을 느끼게 하는 가정에서 자녀들은 죄의식을 배운다.

5. 동정심과 과잉보호의 가정에서 자녀들은 자기 비애를 배운다.

6. 격려를 주고받는 가정에서 자녀들은 자신감을 배운다.

7. 관용이 넘치는 가정에서 자녀들은 인내심을 배운다.

8. 칭찬이 표현되는 가정에서 자녀들은 감사함을 배운다.

9. 서로 용납하는 가정에서 자녀들은 사랑을 배운다.

학교가 없는 도시에는 사람이 살지 못한다.
_탈무드

자녀 교육을 위한 방법

1. 너무 공부만 강요하지 말고 즐거운 마음으로 생활할 수 있도록 가르쳐라.

   자녀의 적성과 특기를 잘 살펴서 오로지 공부만을 강요하여 공부벌레를 만들기보다는 적성에 맞는 소질을 계발할 수 있도록 가르쳐야 한다.

2. 듣는 교육보다는 보는 교육을, 보는 교육보다는 생각하는 교육을 해라.

   백 번 듣는 것보다 한 번 보는 것이 낫다고 했다. 항상 무엇을 해라 하고 강요하기보다는 부모가 한 번 실천하는 모습을 보여주는 것이 더 좋다. 그리고 스스로 느끼고 생각할 수 있도록 해야 한다. 가끔 자녀들과 여행을 하면서 듣고, 보고, 느끼고, 생각할 수 있도록 가르쳐야 한다.

3. 단편 지식보다는 넓은 지혜를 가르쳐라.

유대인들은 고기 잡는 법보다 그물을 짜는 법을 가르친다고 한다. 이처럼 앞을 내다보고 자녀를 가르쳐야 한다.

4. 남이 하는 정도로 만족하지 않게 하라.

자녀가 모든 것을 다 잘하는 만능 박사가 되도록 애쓰지 말고 적성에 맞는 분야에 최선을 다하도록 가르쳐라. 그 분야에 최고가 될 수 있다는 자부심을 심어주어 그 분야만큼은 남보다 더 열심히 노력할 수 있도록 가르쳐야 한다.

5. 자녀를 야단쳤다면 반드시 위로와 격려를 해주어라.

자녀의 잘못에 대해 벌을 주었다면 그로 인해 마음의 상처가 오래 가지 않도록 위로와 대화를 통해 풀어주어야 한다. 잘한 일에 대해서는 칭찬과 격려를 아끼지 말고 더 잘할 수 있도록 가르쳐야 한다.

부모가 자녀에게 회초리를 들지 않으면 자녀가 부모에게 회초리를 든다.
_토머스 풀러

자녀의 인격을 위한 지도 방법

1. 자주 안아주고 귀여워해 준다.
   부모의 애정이 담긴 신체 접촉을 많이 받은 자녀는 자신이 부모에게 사랑받고 있다는 안정감을 느끼게 되어 밝고 명랑하게 자라며, 따뜻한 마음을 가지게 된다.

2. 항상 자부심과 용기를 갖도록 한다.
   자녀들은 여리고 잘못하는 일과 실수가 많다. 따라서 그때마다 부모의 사랑과 격려로 돌봐준다면 잘못과 실수에 대해 고치기를 결코 두려워하지 않고 용기와 자부심으로 이겨 나갈 수 있게 된다.

3. 화목한 가정을 유지한다.
   가족간의 유대를 강화하고 대화를 통해 화목한 가정을 이끌어 나가면 자녀들이 가정과 세상을 긍정적으로 생각하게 되고 꿈과 희망을 간직하며 성장하게 된다.

4. 기준과 범위를 정해 주고 이를 벗어나면 징계한다.

해야 할 것, 하지 말아야 할 것, 어디까지는 해도 괜찮다는 식의 기준과 범위를 정해 놓고 그 기준과 범위를 벗어난 행위를 할 때는 반드시 그에 따른 징계를 해야 한다. 그러나 징계하기 전에는 반드시 왜 징계를 받아야 하는지에 대해 충분히 이해시켜야 한다.

5. 맡은 일에 대해 책임감을 부여한다.

자기가 맡은 일은 끝까지 책임지고 마무리할 수 있도록 한다.

6. 창조력을 길러준다.

독후감을 쓰거나 가족간 게임, 만들기 놀이를 활용하여 인성과 창조력을 기를 수 있도록 한다.

7. 자주 한자리에 모여 대화를 나눈다.

사소한 일에도 의미를 부여하여 가족끼리 자주 한자리에 모일 수 있도록 하여 놀이를 하거나, 대화를 나누어 가족간 유대를 키워주고 자기의 생각을 자연스럽게 말할 수 있게 한다.

자녀와 의사소통 방법

1. 잠시라도 헤어져 있다가 만날 때는 반가운 미소로 맞이하며 가벼운 인사를 주고받는다.

2. 자녀가 힘들어하거나 감정적으로 흥분되어 있을 때는 심각한 화제를 꺼내지 않는다.

3. 아무리 중요한 일, 아무리 바쁜 일이 있어도 가능하면 매일 일정한 시간을 할당해서 대화를 나눈다.

4. 자녀가 하고 싶어하는 말이 있을 때는 스스로 말할 때까지 기다리자.

5. 자녀의 의견이 자신의 의견과 상반된다고 해서 무조건 반대해서는 안 된다.

6. 자신이 하는 말과 그에 따른 행동이 일치되도록 노력하며 자녀도 그와 같이 하도록 한다.

7. 잘못했을 때는 매를 아끼지 않듯이 잘한 일이 있을 때는 결코 칭찬을 아껴서는 안 된다.

8. 가정 내에서 아무리 사소한 일이라도 결정을 내릴 때에는 가족회의를 열어 가족들의 의견을 수렴하여 결정한다.

9. 자녀의 말을 잘 이해하지 못했거나 의도를 파악하지 못했을 때는 다시 한 번 천천히 말해 줄 것을 요청한다.

10. 자녀의 말에 대답할 때나 전하고자 할 말이 있을 때에는 자녀가 이해하기 쉽도록 충분하고 분명하게 말한다.

주자십회훈(朱子十悔訓)

1. 不孝父母死後悔(불효부모사후회) 부모에게 효도하지 않으면 돌아가신 후에 뉘우친다.

2. 不親家族疏後悔(불친가족소후회) 가족에게 친절치 않으면 멀어진 후에 뉘우친다.

3. 少不勤學老後悔(소불근학노후회) 젊어서 부지런히 배우지 않으면 늙어서 뉘우친다.

4. 安不思難敗後悔(안불사난패후회) 편할 때 어려움을 생각지 않으면 실패한 후에 뉘우친다.

5. 富不儉用貧後悔(부불검용빈후회) 부유할 때 아껴 쓰지 않으면 가난해진 후에 뉘우친다.

6. 春不耕種秋後悔(춘불경종추후회) 봄에 종자를 뿌리지 않으면 가을에 뉘우친다.

7. 不治垣墻盜後悔(불치원장도후회) 담장을 고치지 않으면 도적맞은 후에 뉘우친다.

8. 色不謹愼病後悔(색불근신병후회) 색을 삼가지 않으면 병든 후에 뉘우친다.

9. 醉中妄言醒後悔(취중망언성후회) 술 취할 때 한 망언은 술 깬 후에 뉘우친다.

10. 不接賓客去後悔(부접빈객거후회) 손님을 접대하지 않으면 돌아간 후에 뉘우친다.

맞벌이 부부가 자녀에게 하면 안 되는 것

1. 부모가 집을 비우는 시간이 많다고 해서 자녀에게 미안하다는 생각을 갖는다.

2. 돈을 필요 이상으로 많이 준다.

3. 자녀가 할 일을 자녀와 의논하지 않고 일방적으로 정하고 그 일을 지시한다.

4. 자녀가 있는 자리에서 직장이나 집안일에 대해 다른 사람들을 욕하거나 짜증을 낸다.

5. 부모의 애정을, 마음이 담긴 따뜻한 말이나 보살핌이 아닌 많은 선물로 대신한다.

6. 일과 살림이 힘들다고 자녀의 물음에 대답하기를 귀찮게 여긴다.

7. 부모의 관심은 오직 공부 잘하는 것이라며 자녀에게 공부나 숙제를 강요한다.

8. 자녀의 잘못에 대해 무조건 선생님들의 교육이 잘못되었다고 비난한다.

9. 피곤하다고 해서 자녀와 대화나 함께하는 시간을 갖지 않아 소외감을 느끼게 한다.

10. 자녀의 교육 문제 등으로 부모가 상의하지 않고 서로에게 그 책임을 전가시킨다.

만나는 모든 사람마다 교육의 기회로 삼는다.
_링컨

맞벌이 부부가 자녀를 위해 해야 할 것

1. 출근 전, 퇴근 후 자녀를 꼭 안아주어 자신들의 사랑을 느끼게 해준다.

2. 바쁜 와중에도 틈틈이 재미있는 이야기를 많이 하거나 책을 읽어주고 이야기를 들어준다.

3. 아버지도 집안일을 분담하여 자녀들과 즐거운 마음으로 참여하여 유대감을 갖게 한다.

4. 부모와 함께하는 시간에는 자녀뿐만 아니라 자녀의 친구를 초대하여 친구에 대해서도 알고 있어야 한다.

5. 아무리 힘든 일이라도 부모가 함께 의논하며 해결해 나가는 모습을 보여준다.

6. 현재 부모가 하는 일을 자녀에게 설명해 주고 이해시킨다.

7. 휴일엔 자녀와 함께 가까운 곳이라도 나가 산책을 하며 자녀와 보낸다.

8. 자녀가 무슨 생각을 하고 있는지, 무슨 고민이 있는지 대화를 통해 알고 해결책을 찾는다.

9. 많은 시간을 자녀와 같이 보내지 못하지만 자녀의 학교 행사에 적극 참여한다.

10. 자주 전화를 걸어 자녀에게 항상 곁에 있다는 안정감과 애정을 표시해 준다.

좋은 아버지가 되는 길잡이

1. 자녀와 가까운 곳이라도 자주 여행을 떠나자.

여행을 통해 책이나 학교에서 배우지 못한 것을 접함으로써 자녀들은 자연의 위대함과 자연이 주는 교훈을 배운다. 또한 자연을 보며 원대한 꿈을 가지게 된다.

2. 자녀에게 가정의 따뜻함과 소중함을 느끼도록 하자.

포근하고 화목한 가정은 자녀에게 정신적으로 커다란 안정감을 주며, 그러한 환경에서 자라고 배우게 된 자녀는 자기 자신은 물론 가족, 그리고 더 나아가 남을 배려할 줄 아는 사람으로 성장하게 된다.

3. 자녀의 학교에 가보자.

입학식 날 사진 한 장, 졸업식 날 사진 한 장 찍어주는 것으로 부모의 역할을 다했다고 할 수 있는가? 기회가 된다면 학교의 행사에 적극 참여해 보자.

4. 자녀를 꾸중하기보다는 칭찬해 주는 아버지가 되자.

자녀는 부모의 소유물이 아닌 하나의 인격체이다. 자녀에게 똑같은 잘못을 가지고 두 번 야단쳐서는 안 된다. 오히려 꾸중보다는 타이르고 칭찬으로써 가르쳐야 한다. 자녀는 부모의 복사판임을 잊지 말아야 한다.

5. 자녀와 함께 부모님을 자주 뵈러가자.

자기가 하기 싫은 일을 남에게 강요하게 되면 받아들이는 사람은 일단 거부감부터 생기고 피동적이 된다. 먼저 솔선수범하는 부모가 되어야 한다. 그래야 비로소 자녀들도 그 부모를 본받게 된다.

6. 가족에게 마음이 담긴 편지를 써보자.

가끔은 가족에게 편지를 써보자. 꼭 장문의 편지가 아니라도 좋다. 말로 하기 힘든 내용을 따뜻한 마음, 인간미 넘치는 글을 담아 전해보자. 받는 이는 또 다른 감동을 느끼게 될 것이다. 자녀 또한 그런 감정을 배우게 될 것이다.

7. 자녀와 서점에 가서 자녀가 고르는 책을 살펴보자.

한 권의 책이 자녀의 미래를 결정짓는다. 무조건 골라 주고 읽게 하지 말고 서점에 나가서 자녀에게 책을 고르게 해보자. 선택하는 책을 보고 자녀의 취향을 살펴보자. 그 취향을 소재로 서로 이야기해 보자.

8. 기초 질서, 약속을 잘 지키는 아버지가 되자.

약속과 기초 질서를 잘 지키는 것은 자녀가 성장하면서 인간 관계를 형성하고 그 속에서 살아가는 기초가 되는 것이다. 오로지 나 자신만을 아는 이기주의를 버리고, 일반 상식이 통하는 그런 사회가 될 수 있도록 가르쳐야 한다.

9. 아버지는 자녀의 인생에서 조력자임을 명심하자.

자녀를 위해 모든 것을 다해 주려고 하지 말자. 부모는 신이 아니다. 또한 자녀에게 너무 많은 것을 요구하지 말자. 그들 또한 신이 아닌 것이다. 내 인생이 나의 것인 동시에 자녀의 인생은 자녀의 것이다. 자녀에게 자립심을 키워주어야 하며 단지 곁에서 자녀를 위해 자신의 경험담이나 조언을 들려주어야 한다.

10. 한 달에 한 번은 가족의 날로 정하자.

한 달에 한 번은 일정한 시간, 일정한 장소에 모두 모여 무엇인가를 해보자. 가족회의, 집안 대청소, 영화감상 등을 통해 가족간의 유대감을 심어주자.

문제 자녀란 절대 없다. 있는 것은 문제 있는 부모뿐이다.

_닐

자녀를 위한 행동

1. 대화를 통해 웃음을 만끽하게 하라.
   웃고 자란 아이들은 삶의 여유와 지혜를 배울 수 있으며, 그 웃음은 자녀의 미래를 결정짓게 한다.

2. 자녀에게 책을 읽어주어 책과 가깝게 해라.
   서점에 함께 가서 자녀의 취향에 맞는 책을 골라 읽게 하고 책과 가까워지도록 한다.

3. 자녀에게 집안일을 분담시켜 그 일을 함으로써 소속감, 책임감을 갖게 하라.
   자녀들은 집안의 일을 함으로써 소속감, 책임감, 성취감을 느끼게 되고 자신에게 닥친 일도 스스로 해결할 수 있는 능력을 키우게 된다.

4. 자녀에게 과제를 스스로 해결할 수 있도록 해라.

학교의 과제뿐만 아니라 스스로 해결할 수 있는 정도의 과제를 주어 할 수 있도록 하여 성취감, 인내심을 길러준다.

5. 자녀를 위해 음식을 만들어라.

인스턴트 식품보다는 정성을 다해 요리를 해줌으로써 자녀의 건강도 챙기고 부모의 사랑도 전할 수 있다.

6. 자녀들과 잦은 스킨십을 통해 애정을 표현해라.

출근 전, 퇴근 후 자녀를 꼭 껴안아 자녀의 심장 박동을 느껴보고 자신의 심장 박동을 느끼게 하여 편안함과 안정감을 심어주자.

7. 자녀에게 공부하는 것과 노는 것을 가르쳐라.

자녀에게 현재 자신이 해야 할 가장 어울리는 것이 공부하는 것임을 잊지 말게 하라. 뿐만 아니라 노는 것도 가르쳐야 한다. 건전한 놀이 문화를 가르쳐 놀이 집단에서의 소속감, 규칙, 역할 등을 자연스럽게 배우게 하며, 이를 통해 스트레스가 쌓이지 않게 한다.

8. 자녀를 꾸중하기보다는 격려하여 좌절감을 없애라.
칭찬만큼 좋은 보약은 없다. 성공뿐만 아니라 실패를 했더라도 격려하고 용기를 북돋워주어 쉽게 좌절하지 않게 한다.

9. 자녀와 여행을 통해 가족, 가정이 아닌 또 다른 세상을 접하게 한다.
틀에 박힌 교육이 아닌 자연으로부터 배우는 산교육, 여행에서 만나는 다른 사람들과의 접촉을 통해 보다 많은 것을 배울 수 있다.

10. 자녀에게 육체적인 노동을 가르쳐라.
힘들여 얻은 것이 아니면 그 가치와 고귀함을 제대로 알 수 없어 그만큼 낭비하여 쉽게 잃게 된다. 제 스스로 일해서 얻게 함으로써 노동의 가치를 깨닫고 성취감을 얻을 수 있게 해라.

교육은 화내지 않고, 자신감을 잃지 않으면서도
모든 것에 귀를 기울일 수 있게 하는 능력이다.
_로버트 프로스트

올바르게 야단치는 방법

1. 감정이 아닌 이성으로 하라.

자녀의 잘못에 감정을 억제하지 못해 말보다 손이 먼저 올라간 경험이 부모라면 누구나 한 번쯤은 있을 것이다. 체벌보다는 꾸중을, 꾸중보다는 따뜻한 말로 감싸며 타일러 가르치자. 자녀도 독립된 하나의 인격체임을 잊지 말아야 할 것이다.

2. 체벌이나 꾸중은 항상 일관된 기준과 방법으로 공평해야 한다.

인간은 누구나 실수와 잘못을 반복하면서 이를 수정하는 과정을 통해 보다 나은 자신을 형성해 나간다. 자녀의 잘못을 야단쳐야 한다면 기준이 명확하고 보편 타당해야 한다. 일시적 감정이나 주위의 여건에 따라 기준이 바뀐다면 받아들이는 자녀의 입장에서는 가치의 혼돈을 가져와 그 기준을 받아들이기 힘들 것이다.

3. 얼굴이나 머리를 때리지 않는다.

자신의 감정을 누르지 못해 손으로 얼굴이나 머리를 때려서는 안 된다. 이는 자녀에게 모욕감을 주어 잘못에 대한 반성보다는 체벌에 대한 악감정만 남는 부작용을 가져온다.

4. 벌을 준 후 반드시 위로하고 감싸주어라.

야단을 쳤다고 서로 그 감정을 그대로 간직하지 말고 위로해 주어 감정을 풀도록 해야 한다.

5. 잘못을 했을 때 즉시 벌을 주어라.

자녀가 잘못을 했다면 그 즉시 야단을 쳐야 한다. 보아 두었다가 나중에 한꺼번에 야단치는 것은 자녀가 그때 상황을 잊어버려 왜 야단을 맞아야 하는지 모를 뿐만 아니라 효과도 반감된다.

6. 벌받는 이유를 충분히 이해시키고 벌을 줘라.

야단을 칠 때는 왜 야단을 맞는지에 대해서 충분히 이해시켜야 한다. 그래야 자신의 잘못을 인정하고 뉘우치며 똑같은 잘못을 반복하지 않는다.

7. 많은 사람이 있는 곳에서의 체벌은 절대 하지 않는다.

야단을 칠 때는 반드시 아무도 없는 곳에서 조용히 타일러야 한다. 많은 사람들이 있는 곳에서 야단을 맞게 되면 수치심과 모욕감을 느껴 심한 경우 대인공포 증세를 가져온다.

8. 잘못한 일을 수정했다면 그에 대한 칭찬을 아끼지 말라.

자녀가 그동안 잘못했던 점을 반복하지 않고 시정하여 잘했다면 반드시 칭찬으로 격려해 주어 개선된 부분이 계속 유지될 수 있도록 해야 한다.

옳은 행동을 하고 남보다 먼저 모범을 보이는 것이 교육이다.
_순자

자녀가 가정에서 배우는 것

1. 자녀가 꾸지람 속에서 자랐다면 자녀는 비난하는 것을 먼저 배운다.

2. 자녀가 미움 속에서 자랐다면 자녀는 사랑보다는 싸움을 먼저 배운다.

3. 자녀가 놀림 속에서 자랐다면 자녀는 당당히 사람 앞에 나서지 못하고 수줍음만 타게 된다.

4. 자녀가 관용 속에서 자랐다면 성냄보다는 먼저 참을성을 알게 된다.

5. 자녀가 격려 속에서 자랐다면 자녀는 좌절보다는 자신감을 갖게 된다.

6. 자녀가 칭찬 속에서 자랐다면 자녀는 남을 원망하기보다는 감사할 줄 알게 된다.

7. 자녀가 공정한 대접 속에서 자랐다면 자녀는 불평, 불만에 앞서 올바름을 배운다.

8. 자녀가 안정 속에서 자랐다면 자녀는 불신에 앞서 믿음을 갖게 된다.

9. 자녀가 우정 속에서 자랐다면 자녀는 미움보다는 먼저 사랑을 배운다.

아빠는 믿음으로 가정을 다스리고 엄마는 사랑으로 아이를 훈육하며
자녀는 순종으로 어른을 공경하여 가정에 지상 낙원을 꽃피우게 하소서.
_성 프란치스코

자녀를 리더로 만드는 말에 대한 교육

1. 항상 인사하는 습관을 길러주어라.
   '고맙습니다.', '안녕하세요.', '미안합니다.' 등 항상 먼저 인사하도록 한다. 이는 어렸을 때부터 일상화되어야 남들과 대화하는 데에도 도움이 된다.

2. 존댓말을 쓰도록 하라.
   말을 배울 때부터 존댓말을 사용함으로써 그 말을 듣고 배우는 아이도 존댓말을 쓰게 된다. 말에서 자신의 인격이 표출된다는 것을 잊지 말라.

3. 말을 잘하기보다는 잘 듣도록 하라.
   모든 실수는 말에서부터 시작된다. 꼭 자신이 하지 않아도 되는 대화라면 나서서 말하기보다는 다른 사람들이 하는 말을 경청해 주어 상대방을 즐겁게 해준다.

4. 자녀가 할 말을 나서서 대변하지 말라.

자녀가 말을 하는데 중간에 말을 자르지 말고, 말을 천천히 하더라도 자신의 생각을 잘 정리해서 말할 수 있는 능력을 키워주어야 한다.

5. 말을 할 때도 들을 때도 매너가 있음을 가르쳐라.

대답할 때 머리를 긁적이거나 말을 들을 때 딴짓을 하는 등 나쁜 습관은 빨리 고치도록 해야 한다. 먼저 부모가 자녀에게 말을 할 때 자녀의 눈을 보며 부드럽게 이야기하고, 자녀가 말을 할 때는 하던 일을 멈추고서라도 열심히 들어주어야 한다.

6. 책을 읽고 독후감을 쓰게 하라.

글을 쓴다는 것은 그만큼 많이 생각하게 되고 아름답고 좋은 말을 쓰려고 노력하게 된다.

7. 때와 장소에 맞게 말하도록 하라.

자녀가 눈치 없이 여기저기에서 말을 하거나 끼어들어 말참견을 할 때는 많은 사람 앞에서 야단치지 말고 나중에 알아듣기 쉽게 타이른다.

8. 깊이 생각하고 논리적으로 말하게 하라.

말을 할 때는 상대방을 먼저 배려하는 습관과 자신의 의도가 정확히 전달될 수 있도록 깊이 생각하고 논리 정연하게 말하도록 한다.

9. 항상 긍정적인 사고로 말하게 하라.

말할 때 부정적인 단어를 사용하기보다는 긍정적인 단어를 사용할 수 있도록 한다. 특히 거친 말투나 비속어 등은 사용하지 못하게 해야 한다.

10. 주제를 정해 놓고 토론을 하라.

처음에는 가장 일상적인 주제, 말하기 쉬운 주제를 설정하여 자주 대화를 나누어라. 토론이 익숙해지면 점차 많은 정보와 깊은 사고가 요구되는 주제를 놓고 토론한다.

_스피치 컨설턴트 이정숙의 글 중에서

좋은 아버지가 되는 길

1. 자녀의 책가방 무게와 공책을 살펴보라.
   자녀가 잠든 밤에 자녀의 방에 들어가 잠자고 있는 모습을 한 번 보자. 언제 자녀의 얼굴을 제대로 본 적이 있는가 생각해 보고 가방을 한 번 들어 그 무게를 느껴보자. 그런 행동으로 자녀를 좀 더 이해할 수 있고 자신에게도 힘이 솟아오를 것이다.

2. 자녀에게 건네주고 싶은 말을 편지로 써보라.
   자녀와 함께 많은 시간을 못한다면 자녀에게 힘과 용기를 줄 수 있는 말을 적어 자녀의 책상 위에 놓아보자.

3. 자녀에게 결정권을 주고 책임감을 심어주어라.
   자녀에게 시키기보다는 혼자 할 수 있는 일을 찾아 결정하고 실행할 수 있도록 여건을 만들어주자.

4. 자녀의 학교를 방문해 보라.

학교에 가서 자녀의 학교 생활을 보고 듣고 평가해 보자.

5. 자녀와 공통의 관심사를 갖도록 노력해라.

자녀가 좋아하는 것이 무엇인가 알고, 이해하고 할 수 있다면 같이 즐겨보자.

6. 자녀와 함께 지내는 시간은 양보다 질이 중요하다.

어떻게 하는 것이 자녀에게 도움이 될까 생각해 보자.

7. 자녀에게 근로의 중요성을 일깨워주어라.

땀흘려 일하는 것이 왜 중요한가를 말해 주자. 그리고 현재 자녀가 땀흘려 해야 할 것이 무엇인가를 깨닫게 해주자.

8. 대화를 하기 위한 소재를 만들어라.

자녀가 좋아하는 것과 부모가 좋아하는 것이 무엇인지를 서로 알고 그것에 대해 먼저 이야기를 나누자.

9. 때로는 회초리를 가하는 아버지가 되라.

항상 자상한 아버지보다는 엄한 아버지가 되어라. 먼저 말과 행동이 일치하는 아버지가 되어라. 그리고 아버지를 존경하고 따르는 자녀가 되도록 하자.

10. 정기적으로 자녀와 특별한 계획을 가져라.

자녀들과 특별한 시간을 내어 자신의 이야기나 조상들의 이야기를 들려주거나 자녀들만의 고민을 들어주고 그것을 해결하기 위해 서로 의논해 보자.

자녀 교육에 반드시 실패하는 부모의 행동

1. 남과 비교해서 자녀를 평가한다.

2. 무조건 안 된다고 한다.

3. 자녀의 학교 성적에만 집착한다.

4. 일관성 없는 언행을 한다.

5. 칭찬에 인색하고 모든 것에 완벽을 요구한다.

6. 자녀를 독립체가 아닌 소유물로 생각한다.

7. 자기 노력을 게을리하는 부모는 반드시 실패한다.

자녀를 망치는 행위

1. 자녀가 원하는 것은 무엇이든지 들어준다.
   사랑하는 자녀를 위해서는 가격, 옳고 그름을 판단하지 않고 원하는 것은 다 해줌으로써 자녀를 망친다.

2. 자녀가 나쁜 말을 사용해도 그저 넘겨버린다.
   부모나 다른 사람들에게 말을 아무렇게나 해도 대수롭지 않게 생각하고 넘겨버림으로써 자녀를 망친다.

3. 나쁜 행위에 대해서도 절대 꾸짖지 않는다.
   자녀의 기를 죽이지 않으려고 꾸중이나 매를 아낌으로써 자녀를 망친다.

4. 자녀가 힘들까 봐 언제나 정리 정돈을 해준다.
   자녀의 힘들어하는 모습이 보기 안쓰러워서 모든 일을 다해 줌으로써 자녀를 망친다.

5. 어렵고 위험한 일은 항상 피하고 미루게 한다.

힘들고 어려운 일을 만나면 미루고 나서지 말라고 가르침으로써 자녀를 망친다.

6. 자녀를 위해서는 도덕과 질서를 무시한다.

공중 도덕과 질서를 지키는 것은 손해를 볼 뿐이라고 무시하게 함으로써 자녀를 망친다.

7. 항상 자신만을 위해 행동하게 한다.

남을 배려하는 마음을 갖지 않고 이기적이고 독단적인 사고를 가지게 함으로써 자녀를 망친다.

8. 귀찮다고 자녀와의 대화를 갖지 않는다.

바쁘고 피곤하다는 이유로 자녀와 이야기를 나누거나 함께하는 시간이 없음으로써 자녀를 망친다.

9. 자녀 앞에서 다른 사람을 욕하고 비난한다.

나쁜 결과에 대해 그 책임을 다른 사람에게 전가하려고 함으로써 자녀를 망친다.

10. 부모의 술주정과 불성실, 가식적인 모습만 보여 준다.

부모의 가식적인 모습은 임시일 뿐 결국 나타나는 나쁜 버릇이나 습관, 불성실로 인해 자녀를 망친다.

제3장

부부와 연인에 관한 글

부부에게 꼭 필요로 하는 것

1. 미소를 머금은 부드러운 눈빛

2. 사랑하는 사람을 위해 손수 정성으로 마련한 음식

3. 항상 곁에서 무엇이든지 도와줄 수 있는 따스한 손길

4. 저녁 노을을 바라보며 손을 꼭 잡고 함께 거니는 산책

5. 위로가 되는 따뜻하고 다정한 말 한 마디

6. 잠시 헤어짐과 만날 때 반가워하는 포옹

7. 기념일을 잊지 않은 정성이 담긴 선물

8. 상대방의 이야기를 끝까지 들어주는 자상함

9. 둘만이 느낄 수 있는 서로의 맑은 향기

10. 사랑하는 사람의 팔을 베고 청하는 달콤한 숙면

11. 눈을 떴을 때 곁에 사랑하는 사람이 있는 포근함

부부는 쇠사슬에 함께 묶인 죄인이다.
이로 인해 서로 발을 맞추어 걷지 않으면 안 된다.
_고리키

언제나 신혼처럼 달콤하게 사는 방법

1. 사랑의 기도를 드리자.

지금 사랑하는 사람을 생각해 보자. 그리고 그를 위해 기도하자. 사랑하는 사람을 만나게 해준 것에 대한 감사의 기도를…. 어떤 고난과 시련이 우리 둘의 사이를 시험한다고 해도 결코 헤어지지 않고 오히려 서로의 사랑을 확인할 수 있는 계기가 되어 더욱더 사랑이 깊어질 수 있도록 기도하자.

2. 시간을 내어 둘만을 위한 여행을 떠나자.

사랑하는 사람과 종종 여행을 떠나자. 한 번도 가보지 않았던 곳으로 발길을 돌려보자. 낯선 곳에서 의지할 사람은 단 두 사람뿐. 더욱 서로에게 의지하게 되어 사랑은 깊어질 것이다. 또 이전에 가보았던 곳이라도 좋을 것이다. 그곳을 다니면서 옛 추억을 더듬어 사랑을 느껴보자.

3. 닮아지도록 노력하자.

사랑하면 서로 닮아간다고 한다. 그것은 자기의 주장과 개성을 사랑하는 사람에 맞추어 하나가 되어가고 있다는 것이다. 같은 취미 생활을 가지고 함께할 수 있는 시간을 늘려가다 보면 어느새 둘은 하나가 되고 닮아 있음을 느끼게 된다. 그의 행동을, 그의 웃음을 닮아가자. 오래지 않아 주위 사람들로부터 '오누이처럼 닮았네요.' 라는 말을 자주 듣게 될 것이다. 이것은 바로 하늘이 맺어준 천생연분이라는 것이 아닐까.

4. 서로를 항상 공경하고 존중하자.

서로를 존경하며 따라야 한다. 서로의 개성, 주장, 행동을 이해하고 존중해야 한다. 남자이건, 여자이건 마찬가지이다. 상대방을 존중할 때 비로소 자기도 존중받는 것이다. 상대방을 무시하는 말이나 행동은 받는 쪽의 자존심을 상하게 하고 결국은 자기도 그와 똑같은 대접을 받게 된다. 상대방을 인정하지 않고 자기의 주장만 강요하는 것은 자기를 비하하는 것과 같다는 것을 명심하자.

5. 이별은 생각도 하지 말자.

오해로 인해 서로의 사이가 잠시 멀어져 있다면 사랑하던 시절, 행복하던 시절을 생각하자. 오해에서 오는 결과는 승자도 패자도 없다. 서로의 마음속 깊이 상처를 남겨주는 패자만 존재할 뿐이다. 사랑에 패자가 되지 말고 사랑으로 감싸주고 오해를 풀어 승자가 되어야 한다. 사랑에 의문을 품지 말고 두려움을 갖지 말고 최선을 다해야 한다. 그를 위해 전화를 먼저 걸어보자.

6. 자신과 서로에게 더 관심을 갖자.

만남과 결혼 생활에서 시간이 흐를수록 자신과 상대방을 배려하는 마음이 줄어들게 된다. 이로 인해 말다툼을 하게 되고 서로 불편한 관계가 지속된다. 둘만의 만남이 오래될수록 자신에게 신경을 써야 한다. 한껏 멋을 부려 아름다움을 잃지 않고 상대방의 관심을 유도해야 한다. 나태해지는 자신과 무관심한 상대방에게의 관심을 환기시켜 사랑하고 있다는 것을 전해 보자.

7. 작은 일에도 감사하는 마음을 갖자.

서로의 인연에 먼저 감사해 보자. 수많은 사람들 중 둘만의 만남, 그리고 만남이 계속되는 것은 사소한 것 같지만 굉장한 인연인 것이다. 이렇듯 지나치기 쉬운 작고 사소한 것에서부터 감사의 마음을 갖자. 지금 사랑할 수 있는, 외로울 때 위로해 줄 수 있는, 화가 날 때 화풀이를 할 수 있는, 함께 있어 의지가 될 수 있는 사랑하는 사람이 곁에 있다는 것에 감사하는 마음을 갖자.

8. 언제나 상대방을 생각해 보자.

잠깐 떨어져 있는 동안으로도 상대방을 생각해 보자. 출근하는 버스 안에서 집에 남아 있는 사람을, 버스를 타고 출근하는 사람을 생각하자. 라디오에서 그 사람이 좋아하는 유행가가 흘러 나오거나 시원한 비나 흰 눈이 내리는 날 사랑하는 사람을 생각하며 전화를 먼저 걸어보자. 항상 사랑하는 사람이 자신을 생각하고 있다는 것만으로도 행복을 느끼게 된다. 그러한 관심은 서로의 사랑을 더 크고 깊게 만드는 것이다.

9. 마음속의 사랑을 편지로 전해 보자.

항상 사랑하고는 있지만 제대로 표현하지 못할 때, 또 다른 감동을 전하고자 할 때 사랑하는 사람에게 편지를 써보자. 일상에서 벗어나 말이 아닌 글을 쓴다는 것은 자신의 감정을 보다 순수하게 표현할 수 있으며, 그것을 받는 사람은 감격하게 될 것이다. 지금 당장 사랑하는 사람을 위해 아름다운 시를 적어보내듯 편지를 써보자. 컴퓨터를 통한 이메일이라도 좋을 것이다.

10. 단 한 사람만의 연인이 되자.

당신의 사랑을 단 한 사람만을 위해 준비하고 전해 보자. 모든 사람을 잠시라도 잊고 당신이 가지고 있는 모든 것을, 해줄 수 있는 모든 것을 사랑하는 단 한 사람을 위해 해주자. 그 사랑을 받은 사람은 똑같은 마음으로 그 사랑을 되돌려줄 것이다.

남편이라는 것은 아내에게서 보면
하늘처럼 우러러 바라보며 평생을 살 사람이다.
그러기 때문에 남편은 존경받을 만한 존재라야 한다.
_맹자

좋은 남편, 좋은 아내,
좋은 연인이 되는 방법

1. 사랑과 일에 최선을 다하는 모습을 보여주라.

2. 어떠한 상황에서도 흔들리지 말고 서로를 존중하라.

3. 같은 취미를 찾아 여가를 함께 즐겨라.

4. 함께 낯선 곳으로 여행을 떠나라.

5. 오래된 문제는 덮어두고 들추어내지 말라.

6. 자기 희생을 통해 상대방을 기쁘게 하려 하지 말라.

7. 모든 것을 대화로 해결하라.

8. 작고 사소한 일에도 감사하는 마음을 가져라.

9. 수동적이 되지 말고 자발적으로 행동하라.

10. 연인의 말과 행동에 적절한 반응을 보여라.

11. 유머와 재치로 좋은 분위기를 유지하라.

12. 상대방의 잘못에는 검은 안경을, 장점에는 돋보기 안경을 써라.

13. 상대방을 변화시키려 하지 말고 자신이 변화하라.

14. 연인의 사랑을 감사히 받아라.

15. 자신을 존중하고 상대방 또한 존중하라.

16. 고난을 서로의 힘으로 이겨라.

17. 희망찬 미래를 설계하라.

18. 좋은 부모가 되기 위해 노력하라.

19. 좋아하는 일을 하고 싶거든 경제적인 능력을 키워라.

20. 평화롭고 조화로운 생활을 유지하라.

21. 분노를 자제하라.

22. 평범함 속의 즐거움을 개발하라.

23. 메시지를 사용하여 사랑을 전달하라.

24. 상대방을 자주 칭찬하라.

25. 기념일을 잊지 말고 작은 선물로 감동시켜라.

행복한 가정을 만들기 위한 실천

1. Happy look

   웃는 얼굴로 가족 구성원끼리 서로 바라본다. 행복한 모습으로 서로 기분 좋게 웃자.

2. Happy talk

   칭찬과 덕담을 많이 하자. 수고했다, 감사하다는 말 속에 행복이 깃들 수 있다.

3. Happy note

   서로 칭찬할 것을 쓰는 것이다. 이것은 부부간에도 중요하지만 자녀 교육에는 더욱 중요하다. 누구나 자신이 했던 일에 대해 칭찬을 듣고 나면 기분이 좋아지고 모든 일에 자신감도 생길 것이다.

4. Happy walk

활기차게 걸어다니면 행복해진다. 기왕 살아가는 거, 가슴을 활짝 펴고 기분 좋게 걸으면 건강도 좋아진다.

5. Happy call

격려의 전화, 기분 좋은 일이 있으면 빨리 전화하라. 행복은 나눌 때 배가 된다.

6. Happy song

신나는 음악과 함께 신나는 노래를 불러라. 음악이 묘약이다.

7. Happy mind

감사하는 마음으로 살아가는 자세, 사실은 이것이 제일 중요하다. 행복과 불행은 마음먹기에 달려 있다. 조금 안 좋은 일이 있다 하더라도 늘 감사하는 마음으로 살아간다면 아무리 어려운 일도 쉽게 헤쳐 나갈 수 있을 것이다.

_정보전략연구소 윤은기 소장의 글 중에서

가정을 위해 남편이 해야 할 것들

1. 연애 시절과 신혼 시절에 가지고 있던 서로의 관심과 감정을 변치 말고 그대로 간직하도록 노력한다.

2. 결혼기념일, 아내의 생일 등 각종 기념일을 잊지 말고 축하해 준다.

3. 아내가 정성으로 마련한 음식에 대해 불평을 하지 말고 맛있게 먹으며 칭찬과 감사를 표한다.

4. 아내의 옷차림이나 외모의 변화에 관심을 보인다.

5. 가정에서 일어나는 일에 대해서는 모두 아내에게 일임한다.

6. 매사에 어떤 결정을 내릴 때는 항상 아내와 의논하는 습관을 갖는다.

7. 가정 불화나 부부 싸움을 할 때 아내와 맞서지 말고 못 이기는 척 양보한다.

8. 아내에게 자존심이나 마음에 상처를 줄 수 있는 말을 삼간다.

9. 아내의 단점은 못 본 척하고 장점을 칭찬해 준다.

10. 아내의 취미나 특기를 잘 활용할 수 있도록 적극 후원해 준다.

남자에게 있어 최고의 재산은 마음씨 고운 아내이다.
_에우리피데스

부부 싸움의 도(道)

1. 상대방이 잘 쓰는 특기나 주먹의 강도를 미리 알고 대처하는 것을 지(智)라 한다.

2. 상대방이 아픈 표정을 짓더라도 이를 무시해 버리는 것을 강(强)이라 한다.

3. 한 번 때린 곳을 두 번 때리지 않는 것을 선(善)이라 한다.

4. 싸움 중이라도 의관을 바로하는 것을 미(美)라 한다.

5. 다른 집 부부 싸움에서 살림살이를 부수며 싸우는 것을 보고 안타까워하는 것을 인(仁)이라 한다.

6. 부부 싸움을 말리는 사람이 있어도 주먹을 날리는 것을 용(勇)이라 한다.

7. 맞은 쪽보다 때린 쪽이 먼저 사과해야 하는 것을 예(禮)라 한다.

8. 부부 싸움을 할 때 물건을 부수지 않는 것을 현(賢)이라 한다.

9. 때리는 사람이 나를 세게 때리진 않겠지 하고 생각하는 것을 신(信)이라 한다.

10. 부부 싸움을 끝내고 사후 수습을 위해 부서진 물건을 정리하고 맞은 사람을 치료하는 것을 의(義)라 한다.

부부가 진정으로 서로 사랑하고 있으면
칼날 폭만큼의 침대에서도 잘 수 있지만, 서로 대립하기 시작하면
십 미터나 되는 폭넓은 침대도 좁아진다.
_탈무드

부부가 멋진 삶을 위해 서로 해야 할 것

1. 하루에 한 끼는 함께 식사하라.

   함께 식사를 하게 되면 자연스럽게 대화가 이루어져 서로의 사랑을 표현하게 되고 확인할 수 있게 된다.

2. 한 달에 한 번 이상 함께 외출하라.

   부부가 손을 잡고 쇼핑을 하거나 공원, 고궁을 거닐면서 달콤했던 연애 시절이나 신혼 때의 기분을 만끽해보자.

3. 계절마다 함께 여행을 하라.

   계절이 바뀔 때마다 여행을 떠나보자. 전에 가보았던 곳이나 전혀 새로운 곳을 찾아서 다니다 보면 애정은 저절로 쌓이게 된다.

4. 일상에 쫓기지 말고 여유를 가지고 삶을 즐겨라.

일상에 쫓기다 보면 어느 것 하나 제대로 되는 일이 없다. 조금만 여유를 갖는 것이 즐겁게 사는 비결이다.

5. 각종 기념일을 잊지 말라.

아내의 생일, 결혼기념일은 기본으로 기억하여 축하해 주어라. 값진 선물이 아니라도 기억하는 것만으로 아내는 감동을 하게 된다.

6. 마음이 담긴 편지를 써라.

말로 하기 힘든 이야기나 미처 하지 못했던 이야기를 편지를 통해서 전해 보자. 마음속에서 우러나오는 애정을 작은 쪽지로 보내거나 이메일을 이용하는 것도 한 가지 방법이다.

7. 상대방을 배려하고 따뜻한 말 한 마디를 건네라.

아주 사소한 일이라도 상대방을 배려하여 행동하고 상대방의 행동에 대해 사랑스런 말로 격려해 보자.

8. 여가를 최대한 활용하라.

바빠서 시간이 없다는 것은 핑계에 지나지 않는다. 어느 누가 시간이 남아서 여가를 즐기겠는가? 부부가 함께할 수 있는 취미 생활을 개발하여 함께 여가를 즐겨라.

9. 가사 일에도 적극적으로 참여하라.

평일에는 힘들다면 일요일이나 공휴일에는 부부가 함께 대청소를 해보자. 일을 같이 할 수 있다는 또 다른 즐거움이 찾아올 것이다.

10. 현재의 생활에 만족하며 미래를 설계하라.

현재 자신의 생활을 절대로 많은 것을 가진 자의 생활과 비교하지 말라. 없는 자는 없는 대로, 가진 자는 가진 대로 고민을 가지고 있다. 현재의 생활에 최선을 다하며 생활을 즐기고 미래를 설계하는 것이다.

남편의 사랑이 지극할 때 아내의 소망은 작아진다.
_체호프

행복한 부부를 위한 지침

1. 자기 자신에 최선을 다하는 이가 되어라.

결혼 전의 좋은 인상을 계속 유지하기 위해 노력해야 한다. 이것은 그리 어렵지 않은 일이지만 그 결과가 가져다주는 것은 실로 엄청난 힘을 가지고 있다.

2. 사랑은 받는 것이 아니라 주는 것이다.

사랑한다면 주는 것만으로 행복하다. 연애 시절, 연인을 위해 주는 즐거움이 더욱 컸던 마음을…….

3. 서로의 개성을 무시해서는 안 된다.

결혼은 개성이 다른 각각의 사람이 한집에서 살게 되는 것이다. 형제 자매도 각자의 개성을 지닌 채 행복한 삶을 산다. 이처럼 행복은 서로의 개성이 공존하는 공간에서 서로를 이해하고 아끼면서 행복하게 살아가는 것이다.

4. 서로에게 숨기고 싶은 부분은 들추지 않는다.

가정 생활에 커다란 장애가 되지 않는 한 서로의 비밀은 인정해 주는 것이 바람직하다. 굳이 그 비밀을 들춰냄으로써 서로를 무시한다는 감정의 골만 쌓이게 하여 화목을 스스로 깨뜨리는 것은 어리석은 짓이다.

5. 의견이 맞지 않을 때는 한 발 물러서는 미덕을 발휘해라.

서로의 의견이 맞지 않아 그로 인해 대화가 단절된다면 가정의 화목은 기대할 수 없다. 어느 한쪽에서 조금만 양보하게 되면 쉽게 해결될 수 있다는 평범한 진리를 잊지 말자.

6. 신뢰를 쌓아라.

상대방을 한 번 의심하게 되면 어떠한 일을 해도 그 의심은 수그러들지 않는다. 평소 마음을 터놓고 많은 대화를 통해 상대방의 신뢰를 얻는 것이 필요하다.

7. 가끔은 편지를 써보자.

연애 시절에 편지를 쓰듯 상대방을 위해 사랑이 담긴 편지를 써보자. 반복되는 일상 생활에서 나타나는 따분함도 편지 한 통을 받아봄으로 해서 해결할 수 있고 새로운 활력소가 될 것이다.

아내가 없는 남자는 몸체가 없는 머리이고,
남편이 없는 여자는 머리가 없는 몸체이다.
_장 파울

세상에서 가장 아름다운 단어

1. 세상에서 내가 가장 많이 꿈꾸던 10글자

   항상 내 곁에 있어 줬으면…….

2. 세상에서 내가 가장 원했던 9글자

   너와 하나가 되었으면…….

3. 이 세상의 모든 것이 다 변한다 해도 변치 않을 8글자

   항상 널 향한 내 마음…….

4. 가장 힘든 일이 닥쳤을 때 해줄 7글자

   항상 널 지켜줄게…….

5. 세상에 가장 아름다운 6글자

너의 밝은 미소…….

6. 무엇이든 가능케 하는 5글자

너를 위해선…….

7. 나를 가장 기쁘게 하는 4글자

너의 사랑…….

8. 너에게만 들려줄 3글자

사랑해…….

9. 이 세상이 끝난다 해도 우리에겐 없을 2글자

이별…….

10. 이 세상에서 가장 소중한 1글자

너…….

남자에게 필요한 A~Z

1. Alcohol : 대인 관계를 위해 적당한 술은 필수.

2. Billiard : 우정을 위해 친구와 당구 한 게임.

3. Cigarette : 인생은 고난의 연속, 태워 없애보자.

4. Dream : 원대한 꿈을 가지고 실현하라.

5. Erase : 슬픔, 노여움, 모욕 등 부정적인 단어는 지워버리자.

6. Friend : 내 영혼의 또 다른 한쪽, 친구.

7. Gambling : 인생은 도박, 자신을 밑천으로 풀 배팅.

8. Hero : 시대는 영웅을 필요로 하는 법.

9. Image : 강한 인상을 남겨주어야 한다.

10. Joke : 유머 섞인 대화로 분위기를 이끌어라.

11. Killer : 킬러와 같은 냉철한 결단력을 가져라.

12. Leader : 모든 이들을 이끌 수 있는 리더십을 길러라.

13. Manner : 매너는 멋진 남자의 필수 조건.

14. New : 항상 새로운 것을 찾아서 익혀라.

15. Object : 목표를 향해 돌진하라.

16. Play : 놀 때도 확실하게 놀아라.

17. Question : 모르는 것은 반드시 물어서라도 배워라.

18. Recreation : 여가를 잘 활용하라.

19. Speaking : 화술, 말 한 마디로 천냥 빚을 갚는다.

20. Thank : 항상 감사하는 마음을 가져라.

21. Use : 쓸모 있는 사람이 되라.

22. Victory : 승리를 위해 매진하라.

23. Way : 인생의 진로를 확실히 하라. 길이 내 앞에 있다.

24. X-ray : 속이 보이도록 투명한 삶을 살아라.

25. Young : 몸과 마음이 따로 놀아도 마음만은 항상 젊음.

26. Zzz : 다음날을 위한 충분한 수면.

여자에게 필요한 A~Z

1. Angel : 천사와 같은 마음씨.

2. Beautiful : 내적으로나 외적으로나 아름다움.

3. Cooking : 멋진 요리 솜씨.

4. Drink : 분위기에 따라선 술도 약간은.

5. Envy : 밉지 않은 눈흘김.

6. Fresh : 신선한 첫인상.

7. Grace : 우아한 분위기로 밤을 유혹.

8. Hip : 두루뭉실하면 금상첨화.

9. Intelligence : 지혜로움.

10. Joke : 유머를 즐길 줄 아는 위트.

11. Kind : 친절함과 상냥함.

12. Love : 사랑이라는 이름의 성숙함.

13. Magic : 마술같이 신비로운 이미지.

14. No : 당당하게 No라고 말하라.

15. O_2 : 산소 같은 존재.

16. Pretty : 가끔은 Pretty Woman이 되어보자.

17. Quiet : 차분한 마음가짐.

18. Real : 언제나 진실한 모습.

19. Sense : 센스 있는 생활력.

20. Tear : 눈물은 여자 최대의 무기.

21. Understand : 이해심 많은 당신.

22. Variety : 다양한 재주로 생활을 즐김.

23. Winsomeness : 애교 만점. 남자는 여자하기 나름.

24. X : 예측불허!가 되어보라.

25. Yxes : 거꾸로 읽으면?

26. Zzz : 미인은 잠꾸러기.

부부가 서로 지켜야 할 것들

1. 부부, 어느 한쪽이 화가 났을 때는 서로 맞서지 않고 기분을 풀어주도록 한다.

2. 생일이나 결혼기념일을 메모하여 잊지 않고 사랑의 편지나 선물을 주고받는다.

3. 퇴근 후 돌아온 남편에게, 돌아와서 아내에게 첫 말 한 마디를 조심한다.

4. 서로의 허물과 잘못이 있더라도 사랑으로 감싸주고 좋은 점은 자주 칭찬해 준다.

5. 아내의 실수는 남편에게도 상당 부분 책임이 있음을 인식한다.

6. 남편의 호주머니를 뒤지지 않는다.

7. 남편을 위해 술상을 차릴 줄 아는 아내가 된다.

8. 아내를 마음속 깊이 사랑하며 애정을 표시한다.

9. 남편을 위해 즐거운 마음으로 요리를 하며 퇴근해 돌아오기를 기다린다.

10. 퇴근 후 자주 갖게 되는 술자리는 가정 불화의 시초가 된다는 것을 잊지 않는다.

11. 남편의 의복에 항상 신경을 쓴다.

12. 남편의 말투가 거친 것은 아내의 책임이다.

13. 남편과 아내를 다른 사람들과 비교하여 단점을 말하지 않는다.

14. 건전한 사고로 정직한 삶을 영위한다.

15. 잘못을 했을 때 따뜻한 한 마디의 말이 상대방과 자녀에게 꿈과 용기를 준다.

16. 부부의 사랑이 화목한 가정으로 가는 출발점임을 잊지 않는다.

17. 부부만의 시간을 자주 갖는다.

18. 항상 애정이 담긴 밝은 표정을 잃지 않는다.

19. 부부간, 가족간 대화는 즐겁게 많이 한다.

20. 현재에 충실하며 아내와 자녀를 위해 보다 나은 미래를 설계하고 실현해 나간다.

착한 아내와 건강은 남자에게 가장 훌륭한 재산이다.
_스퍼전

남편에게 기를 불어넣어 주는 말

1. '영원히 당신만을 사랑해요.' 라고 자주 말하라.

2. '아이가 당신 닮아서 저렇게 똑똑한가 봐요.' 라고 자주 말하라.

3. '당신이라면 할 수 있어요.' 라고 자주 말하라.

4. '역시 당신밖에 없어요.' 라고 자주 말하라.

5. '제가 시댁 복은 있나 봐요.' 라고 자주 말하라.

6. '당신 곁에 사랑하는 가족들이 있는 거 아시죠?' 라고 자주 말하라.

7. '언제나 당신만 믿어요.' 라고 자주 말하라.

8. '건강도 생각하세요.' 라고 자주 말하라.

9. '고마워요, 수고하셨어요.' 라고 자주 말하라.

10. '다시 태어나도 당신밖에 없어요.' 라고 자주 말하라.

11. '여보! 나보다 먼저 가면 안 돼요.' 라고 자주 말하라.

아내는 변함없는 복종을 통해 남편을 지배한다.
_토마스 플러

남편의 기를 죽이는 말

1. '당신 월급이 얼마죠?' 라고 말하지 말라.

2. '당신이 뭐 하나 제대로 하는 게 있어요?' 라고 말하지 말라.

3. '내 그럴 줄 알았어요.' 라고 말하지 말라.

4. '그동안 뭐했어요?' 라고 말하지 말라.

5. '당신 식구들은 왜 그 모양이에요?' 라고 말하지 말라.

6. '언제는 잘했나요?' 라고 말하지 말라.

7. '아이가 당신 닮아 저 모양이에요.' 라고 말하지 말라.

8. '당신은 알 필요 없어요. 당신이 일이나 잘해요.' 라고 말하지 말라.

9. '정말 피는 못 속여.' 라고 말하지 말라.

10. '당신은 구제불능이에요.' 라고 말하지 말라.

11. '돈이 있나, 그렇다고 배경이 있나?' 라고 말하지 말라.

아내는 젊은 남편에게 있어서는 여주인이며,
중년의 남편에게는 친구이며,
늙은 남편에게는 간호사이다.
_베이컨

아내의 기를 죽이는 말

1. '하루 종일 뭐했어?' 라고 말하지 말라.

2. '누가 장모 딸 아니랄까 봐.' 라고 말하지 말라.

3. '화장은 해서 뭐해. 그게 그 얼굴이지.' 라고 말하지 말라.

4. '당신이 뭘 안다고 그래.' 라고 말하지 말라.

5. '입 닥치고 밥이나 해.' 라고 말하지 말라.

6. '짜는 소리 좀 하지 마.' 라고 말하지 말라.

7. '작작 좀 먹어라.' 라고 말하지 말라.

8. '호박에 줄 긋는다고 수박이 돼?' 라고 말하지 말라.

9. '살림을 하는 거야, 말아먹는 거야?' 라고 말하지 말라.

10. '쓸데없는 소리 하지 말고 잠이나 자.' 라고 말하지 말라.

11. '아이들이 웃겠다.' 라고 말하지 말라.

아내를 다룰 줄 모르는 남자는 참으로 불쌍한 사람이다.
_코울리지

멋진 남편의 단어

1. ㄱ-견고 : 어떠한 것에도 흔들리지 않는 자세로

2. ㄴ-노력 : 항상 최선을 다해 노력하면서

3. ㄷ-대범 : 소심하지 않고 대범하며

4. ㄹ-리드 : 남들을 잘 이끌 줄 알고

5. ㅁ-모험 : 때로는 모험도 불사하며

6. ㅂ-박력 : 패기 있게 밀어붙일 줄도 알고

7. ㅅ-신중 : 그러면서도 신중함을 잃지 않고

8. ㅇ-여유 : 늘 여유를 가지고

9. ㅈ-자상 : 따뜻한 마음으로 배려해 주며

10. ㅊ-착실 : 자신이 맡은 일은 반드시 해내고

11. ㅋ-쾌활 : 재치로 주변이 늘 즐겁고

12. ㅌ-태평 : 걱정은 적당히 접어둘 줄 알고

13. ㅍ-편안 : 모든 이들을 편안하게 해주면서

14. ㅎ-화합 : 함께하여 이루어 나간다.

멋진 아내의 단어

1. ㄱ-고귀 : 고귀함으로 자신을 지키고

2. ㄴ-눈빛 : 부드러운 눈빛으로

3. ㄷ-다정 : 남편과 자녀들을 다정하게 바라보며

4. ㄹ-립스틱 : 때론 자신을 가꾸어 멋도 낼 줄 알고

5. ㅁ-맵시 : 매무새를 흐트러지지 않게 하며

6. ㅂ-배려 : 남을 위할 줄 알고

7. ㅅ-세심 : 작은 것도 놓치지 않고 챙겨주며

8. ㅇ-웃음 : 맑은 웃음은 상대방의 마음을 열게 하고

9. ㅈ-자신감 : 자신을 믿을 줄 알며

10. ㅊ-청초 : 그 순수함이 빛을 잃지 않고

11. ㅋ-키스 : 키스의 달콤함을 소중히 생각하며

12. ㅌ-탄력 : 타성에 젖지 않고 새로움을 찾고

13. ㅍ-포용 : 작은 실수는 넓은 마음으로 감싸며

14. ㅎ-행복 : 행복의 소중함을 잊지 않는다.

매월 14일은 연인을 위한 날

1. 1월 14일 다이어리 데이
   일 년 계획을 세우고 실천하라고 예쁜 수첩을 주는 날.

2. 2월 14일 발렌타인 데이
   사랑을 가득 담아 특별한 연인에게 선물을 주는 날.

3. 3월 14일 화이트 데이
   사랑하는 사람을 위해 달콤한 사탕을 주는 날.

4. 4월 14일 블랙 데이
   짝 없는 사람들끼리 모여 위로의 자장면을 먹는 날.

5. 5월 14일 로즈 데이
   장미꽃을 선물하면서 발렌타인 데이와 화이트 데이의
   사랑 고백을 확인하는 날.

6. 6월 14일 키스 데이
진한 키스로 사랑을 확인하는 날.

7. 7월 14일 실버 데이
'은' 으로 된 커플 반지를 끼워주며 장래를 약속하는 날.

8. 8월 14일 뮤직 데이
나이트클럽에 가서 신나는 음악에 맞춰 춤을 추는 날.

9. 9월 14일 포토 데이
둘만의 아름다운 추억을 사진을 찍어 간직하는 날.

10. 10월 14일 와인 데이
와인을 마시며, 사랑의 밀어를 나누는 날.

11. 11월 14일 무비 데이
사랑하는 사람과 영화를 함께 보는 날.

12. 12월 14일 머니 데이
올해도 헤어지지 않고 무사히 사귄 것을 축하하는 날.

내게 존재하는 나의 아내

1. 세상에서 내가 가장 행복할 때는, 아내를 진정으로 사랑할 수 있는 마음이 있을 때이다.

2. 세상에서 내게 가장 소중한 것은, 아내의 사랑이다.

3. 세상에서 내가 가장 미워하고 싶을 때는, 아내가 변해갈 때이다.

4. 세상에서 내가 가장 화가 날 때는, 아내가 나에게서 멀어지려 할 때이다.

5. 세상에서 내가 가장 편안할 때는, 아내가 내 곁에 머물러줄 때이다.

6. 세상에서 내가 가장 비참할 때는, 아내가 나의 존재를 잊으려 할 때이다.

7. 세상에서 내가 가장 걱정될 때는, 아내가 아파 누워서 울 때이다.

8. 세상에서 내가 가장 믿고 싶은 것은, 아내가 날 진실로 사랑한다는 것이다.

9. 세상에서 내가 가장 다정스러울 때는, 아내가 사랑스런 목소리로 나의 이름을 불러줄 때이다.

10. 세상에서 내가 가장 외로울 때는, 아내가 내 곁에 없어 텅 빈 집안에 혼자라고 느낄 때이다.

11. 세상에서 내가 가장 울고 싶을 때는, 사랑하는 아내가 나를 등지고 떠날 때이다.

12. 세상에서 내가 가장 기뻐할 때는, 아내가 어린 아이처럼 즐거워할 때이다.

13. 세상에서 내가 가장 잊고 싶을 때는, 아내가 나와 이별하고 멀리 떠날 때이다.

14. 세상에서 내가 가장 기도하고 싶을 때는, 아내가 다시 내 곁에 돌아오길 바랄 때이다.

15. 세상에서 내가 가장 친근하게 느낄 때는, 아내의 손을 잡고 마주앉아 있을 때이다.

16. 세상에서 내가 가장 고통스러울 때는, 떠나는 아내를 위해 눈물을 흘릴 때이다.

17. 세상에서 내가 가장 고마울 때는, 아내가 나의 마음을 알아줄 때이다.

18. 세상에서 내가 가장 바라는 것은, 아내의 마음속에 나를 묻어 영원히 간직되는 것이다.

19. 세상에서 내가 가장 아름답게 느낄 때는, 아내가 나를 위해 눈물을 흘릴 때이다.

20. 세상에서 내가 가장 사랑하는 것은, 바로 나의 '아내' 이다.

아내이자 친구인 사람이 진짜 아내이다.
_윌리엄 펜

행복한 결혼 생활을 누리는 방법

1. 공통의 취미를 만들어 그것을 함께 즐겨라.

2. 대화는 자주 갖고 애정 표현은 아끼지 말라.

3. 서로에 대한 불만이나 원하는 것이 있으면 가슴속에 묻어두지 말고 표현하라.

4. 서로의 인격과 개인 생활을 보장해 주고 격려하라.

5. 남편의 부모님과 아내의 부모님을 자기 부모님과 똑같은 마음으로 대하라.

6. 자신만의 매력과 소질을 계속 발전시켜라.

7. 서로의 약점을 감싸주고 부드럽게 조언하라.

8. 서로 상의하여 구체적인 미래를 설계하고 실현될 수 있도록 노력하라.

9. 부부는 평생을 같이할 동반자이다. 서로의 건강에 유의하며 체크해 주라.

10. 인생의 동반자로서 때론 애인처럼, 때론 친구처럼 생각하라.

11. 생활의 단조로움을 이기기 위해 변화를 시도하라.

12. 직장과 가정에서 일어난 사소한 일이라도 대화의 소재로 활용하여 서로 알려주라.

13. 예상하지 않았던 선물을 통해 상대를 감동시켜라.

14. 서로 가지고 있는 것을 숨기지 말라. 그러나 각자만의 비밀을 알려고 하지 말라.

15. 자기 생각, 취미, 습관, 기호를 상대방에게 강요하지 말라.

16. 서로 존경하고 부부간이라도 예의를 갖춰라.

17. 약속은 어떠한 경우라도 반드시 지켜라.

18. 부부간의 기쁨은 아주 사소한 일에서 시작한다는 것을 잊지 말라.

19. 집안일과 자녀 양육은 서로 분담하고 협조하라.

20. 상대방을 남과 비교하여 판단하지 말라.

21. 갈등이 생기는 것을 당연시 생각하고 양보하고 타협하라.

22. 산책, 여행 등을 통해 둘만의 시간을 가져 삶의 여유와 행복을 느껴라.

23. 듣기 거북하거나 마음에 상처를 입힐 만한 심한 잔소리를 피하라.

남자의 최고의 재산이자 최악의 재산은 바로 그의 아내이다.
_토마스 풀러

행복한 부부가 되기 위한 비결

1. 부부는 각자의 역할에 충실해야 한다.
   부부간에 발생된 문제는 각자의 역할을 제대로 하지 못하는 데에서부터 출발한다. 자기의 역할에 충실하고 부족한 부분은 서로 채워가면서 비로소 행복해진다.

2. 현재를 보되, 과거와 결부시키지 않는다.
   결혼 전에는 안 그랬는데 결혼 후 변했다는 말을 많이 하는데 이는 지나치게 배우자의 약점만을 보는 것에 있다. 약점을 감싸주고 그 약점을 장점으로 만들어가면서 비로소 행복해진다.

3. 자기 주장보다는 한 발 물러나 생각해 본다.
   먼저 상대방의 입장이 되어 생각해 보고 자기의 생각과 의견을 강요하기보다는 뒤로 물러나 상대방을 배려해 주면서 비로소 행복해진다.

4. 상대방의 좋은 점은 따르고 배워야 한다.

상대방에 비해 자신이 부족하다고 생각되는 면이 있으면 과감히 자신의 것을 버리고 상대방의 장점을 배우면서 비로소 행복해진다.

5. 아무리 친한 사이라도 서로 예로써 대해야 한다.

친구라 하더라도 무시하는 말이나 행동은 결국 그 둘 사이를 멀어지게 만든다. 부부 사이도 서로에게 지킬 것은 지킬 때 비로소 행복해진다.

6. 사랑은 만들어 나가는 것이다.

어느 한쪽의 노력만으로 사랑이 이루어지는 것이 아니다. 또 결코 먼 곳에, 어렵게 만들어지는 것도 아니라 가장 가까운 곳에서 가장 쉽게 만들 수 있는 것이다. 서로의 노력으로 부부는 비로소 행복해진다.

7. 이기적인 것은 결국 자신에게 해로 돌아온다.

자신만을 위한 사고와 행동은 결국 상대방도 그렇게 만들어 그 결과가 자신에게로 돌아오게 한다. 서로를 위한 배려하는 마음에서 부부는 비로소 행복해진다.

8. 말하지 않는 것을 묻지 말며, 되도록 숨기지 말라.

작은 오해가 큰 화를 자초한다. 자신만의 비밀을 만들지 않는 것이 좋다. 그러나 상대방이 말하지 않는 것을 굳이 알려고 하지 않는 것도 필요하다. 서로를 믿고 존중해 주면서 부부는 비로소 행복해진다.

9. 부부 문제는 항상 공정하고 신중하게 해결하라.

부부 사이에서 발생한 문제는 부부가 해결해야 한다. 대화를 통해 서로의 의견을 충분히 수렴하여 어느 쪽에게도 불만이 없도록 하면서 부부는 비로소 행복해진다.

10. 많은 대화를 나누어라.

대화가 없는 부부는 자연히 비밀이 생기게 되고 그로 인해 반드시 문제가 발생한다. 대화의 양은 그 부부의 애정 점수와 같다. 부드럽고 달콤한 대화를 통해서 부부는 비로소 행복해진다.

좋은 아내는 남편이 비밀에 부치고 싶어하는 사소한 일을
언제나 모르는 척한다.
그것은 결혼 생활의 기본적인 예절이다.
_서머셋 몸

행복한 부부가 가져야 할 것

1. 사랑

부부는 사랑을 먹고사는 관계이다. 사랑을 위해 무엇을 어떻게 해야 하는지를 고민하지 말라. 연애 시절이나 신혼 때를 생각해 보면 어떻게 해야 하는지 답은 쉽게 나오는 것이다. 그때는 무엇을 어떻게 해서 그렇게 좋았는지, 왜 떨어져 있으면 그렇게도 보고 싶었는가를 생각해 보면 된다.

2. 감사

감사하는 마음은 다른 사람의 수고와 행동의 가치를 인정하는 것이다. 아무리 작고 사소한 일에도 감사의 마음을 전하는 것은 받는 사람으로 하여금 기꺼이 또 그만한 노력을 할 수 있게 하고 자신의 능력을 더욱 발전시킬 수 있게 할 것이다. 받은 사람도 준 사람에게 뿐만 아니라 다른 사람에게 그만한 보답을 하게 한다.

3. 이해

상대방의 입장이 되어 나를 보는 것이다. 나의 주장을 관철시키는 것만이 자신의 위상과 자존심을 세우는 것이 아니다. 나를 낮추어 상대방을 이해해 줌으로써 자신도 이해받을 수 있는 것이다.

4. 보살핌

서로를 아끼고 그 사람을 지켜 돌보아주는 것이다. 상대를 배려해 주려는 태도는 관심을 가지고 관계를 지속적으로 유지하려는 자신의 마음을 표출하는 것이다. 누군가를 보살펴주는 것은 그 사람이 자신에게 특별한 존재임을 암시하는 것이다.

5. 진실

부부는 서로 비밀이 없어야 한다. 사랑, 애정 등을 가식적으로 표현하면서 어느 비밀을 숨기게 된다면 그것이 나중에 어떤 경로를 통해 상대방에게 전달되었을 때의 배신감을 생각해 보자. 자신이 먼저 상대방을 믿고 모든 것에 진실해야 한다. 당장의 오해가 있다고 해도 결국은 진실로 돌아오게 되어 있다.

6. 포용

남을 끌어안는다는 것은 상대방의 존재나 어떠한 행동도 대가나 이득을 바라지 않고 기꺼이 받아들이는 것이다. 그러한 마음은 상대를 신뢰할 수 있다는 마음에서 출발하는 것이다.

7. 믿음

상대방을 믿는다는 것은 말, 행동, 태도, 마음까지도 모든 것을 긍정적으로 인정한다는 것이다. 신뢰로 구축된 관계는 어떤 외압에도 쉽게 깨지지 않으며 실수나 잘못도 관대한 마음으로 용서해 줄 수 있는 것으로써 그 관계를 지속할 수 있다.

8. 존중

한 사람의 희생으로 이루어진 행복은 쌍방의 행복이 아니라 일방의 행복을 강요하는 그릇된 것이다. 존중하는 마음 없이는 상대방을 배려할 수 없으며 수평적 관계가 아닌 수직적 관계가 될 수 있다. 이는 참으로 불행한 관계로 희생하는 쪽이 이를 더 참고 견디지 못하면 언제든지 참담한 결과를 수반하게 된다.

제4장

행복으로 가는 길

행복을 느끼게 하는 행동

1. 산에 올라가 나무를 꼭 껴안아보자.

2. 밤하늘에 떠 있는 빛나는 별을 쳐다보자.

3. 어릴 적 좋아했던 동요를 큰 소리로 불러보자.

4. 작은 감동에도 감탄사를 내어보자.

5. 아이의 해맑은 눈동자를 들여다보자.

6. 수첩 속에 사랑하는 사람의 사진을 넣고 다녀보자.

7. 하얀 눈 위에 자신의 발자국을 남기며 걸어보자.

8. 시원한 바람을 가슴으로 느껴보자.

9. 전깃불을 끄고 촛불을 켜고 책을 읽어보자.

10. 밀려오는 파도를 향해 큰 소리로 외쳐보자.

11. 거울을 보며 함박웃음을 지어보자.

12. 자신의 어릴 적 사진을 꺼내어 보자.

13. 친구에게 시를 적어 편지를 보내자.

14. 아침과 저녁에 해를 향해 인사를 해보자.

15. 어머니를 껴안고 포근함을 느껴보자.

상대방을 배려하면서 얻는 행복

1. 대화 중 칭찬하고 감사의 말을 잊지 말라.

2. 잘못은 아끼고 칭찬은 아끼지 말라.

3. 잘못을 말할 때는 직접적으로 하지 말고 간접적으로 자신의 과오를 이야기하면서 상대방의 잘못을 말하라.

4. 상대방의 인격과 체면을 고려하라.

5. 명령하기 전에 부탁하라.

6. 상대방의 기대에 어긋나지 않는 말과 행동을 하라.

7. 상대방이 능력을 발휘할 수 있도록 격려하라.

8. 내가 원하는 만큼 상대방이 원하는 것을 주어라.

시테크를 활용하는 방법

1. 주어진 시간을 재창조하라.

   하루 24시간 주어진 시간은 누구에게나 같다. 하지만 계획을 세워 어떻게 활용하느냐에 따라 주어진 시간은 달라지게 된다.

2. 처리 과정을 최대한 단축하라.

   하나의 업무를 처리하면서 여기저기에서 불필요하게 소요되는 시간을 줄여야 한다.

3. 남의 시간을 아껴주어라.

   나의 시간뿐 아니라 다른 사람의 시간도 중요하다. 일을 처리함에 있어 다른 사람의 시간도 벌 수 있도록 배려해야 한다.

4. 자투리 시간을 최대로 활용하라.

알게 모르게 아무 하는 일없이 낭비하는 시간을 찾아내 그 시간에 할 수 있는 일을 찾아야 한다.

5. 시간을 지체했을 때는 자극을 주어라.

약속을 지키지 못할 때는 그에 맞는 경각심을 불러일으켜 그와 같은 일이 재발되지 않게 해야 한다.

6. 속도 관리를 추구하라.

사무 자동화, 전산화를 통해 일의 효율성을 높여 시간을 줄여야 한다.

7. 자주 사용하는 것은 항상 곁에 두어라.

자주 사용하는 전화번호, 수첩, 필기구 등은 항상 손에 잡히는 곳에 두어 수시로 쓸 수 있도록 한다.

내가 할 일이 무엇인가를 미리 생각하여 꾀하고,
마음을 다해 힘쓰면 때를 놓치지 않는다.
_법구경

사람을 친밀하게 사귀는 방법

1. 사람을 만나면 웃는 낯으로 무슨 말이든 먼저 건네라.

2. 상대방의 이름을 불러 친밀감을 느끼게 하라.

3. 상대방에게 진정으로 관심을 표시하라.

4. 상대방의 장점을 칭찬하라.

5. 겸손한 마음을 잃지 말고 친절을 베풀어라.

6. 대화 중에 자기 자신에 대한 이야기를 부각시키지 말라.

7. 상대방과의 비밀을 절대 제3자에게 이야기하지 말라.

8. 상대방에게 완벽하게 보이려 하지 말라.

9. 쉽게 화를 내는 친구와 친절을 모르는 이를 주의하라.

10. 말하기 전에 상대방의 입장이 되어보라.

목표는 커야 한다. 작은 목표는 작은 성취감만 느끼게 할 뿐이다. 목표가 커야 성취감도 크고 자신의 능력을 극대화시킬 수 있다.
_지그 지글라

행복을 위해 개선할 것

1. 고정 관념에서 탈피하라.

2. 긍정적인 사고를 가져라.

3. 얻은 만큼 베풀면서 살아라.

4. 타인의 의견과 충고를 받아들이는데 주저하지 말라.

5. 최종 목표에 도달하기 전 중간 중간에 작은 성공의 기쁨을 느껴라.

6. 스트레스는 바로 바로 풀어 쌓이지 않게 하라.

7. 어떤 일을 실행 전에 3번 이상 생각하고 실행은 신속히 하라.

8. 원인을 파악하고 개선에 주저하지 말라.

9. 한 사람의 지혜보다 열 사람의 지혜를 모아라.

10. 아침을 감사의 마음으로 받아들여라.

나는 지금 행복한가 하고 자기 자신에게 물어보면
그 순간 행복하지 못하다고 느끼게 된다.
_밀

정신 건강을 위한 수칙

1. 나에게 주어진 가정, 일, 생활을 긍정적으로 받아들이며 창조적으로 적응해 나가라.

2. 당신의 고민을 덜어줄 수 있고 더욱 강한 힘과 신념을 줄 수 있는 기도를 해라.

3. 따뜻한 감정으로 먼저 반갑게 인사를 해라.

4. 맛있게 먹고 규칙적인 운동과 충분한 휴식을 취하라.

5. 누구도 완벽한 삶을 사는 사람은 없다. 삶을 빈틈없이 완벽하게 살려고 하지 말고 최선을 다하여 살려고 해라.

6. 걱정은 해결책이 못 된다. 잠자리에 들 때는 모든 것을 잊고 숙면하라.

7. 약속 시간은 꼭 지키며 약속 장소에 먼저 가서 기다려라.

8. 항상 미소를 잃지 않은 모습으로 행복해지도록 자기 연출을 하는 습관을 가져라.

9. 원칙과 상식을 정해 놓고 이를 지키도록 해라.

10. 지금 당장에 손해를 봐도 더 많은 것을 얻을 수 있다는 발상의 전환을 가져라.

너무 많다는 것은 부족하다는 것을 의미한다.
너무 건강한 사람처럼 심한 병자는 없다.
_로맹 롤랑

멋진 사람이 되기 위한 교훈

1. 무슨 일이든지 '할 수 있습니다.' 라고 말할 수 있는 긍정적인 사람이 되라.

2. 적절한 의견을 제시해 오면 '좋은 의견입니다.' 라고 말할 수 있는 수용적인 사람이 되라.

3. 자신의 능력을 믿고 '도와주겠습니다.' 라고 말할 수 있는 적극적인 사람이 되라.

4. 좋은 방법이 생각나면 '이 방법은 어떨까요?' 라고 말할 수 있는 협조적인 사람이 되라.

5. 누가 시키기 전에 '제가 하겠습니다.' 라고 말할 수 있는 사람이 되라.

6. 부탁을 하면 '기꺼이 해드리겠습니다.' 라고 말할 수 있는 현실적인 사람이 되라.

7. 어려운 상황에 닥친 것을 보았다면 '도울 일이 없습니까?' 라고 물을 수 있는 여유 있는 사람이 되라.

8. 다른 사람의 도움을 받았다면 '정말 고맙습니다.' 라고 말할 수 있는 감사할 줄 아는 사람이 되라.

9. 잘못된 것을 지적하면 '제가 틀렸군요.' 라고 말할 수 있는 겸허한 사람이 되라.

10. 만나는 사람마다 미소를 지으며 '안녕하십니까?' 라고 말할 수 있는 멋을 아는 사람이 되라.

덕은 건강이다. 덕은 아름다움이다.
덕은 영혼의 좋은 존재 양식이다. 거기에 반해서 악덕은 병이다.
악덕은 추함이다. 악덕은 영혼의 나쁜 존재 양식이다.
_플라톤

슬럼프를 벗어나기 위한 방법

1. 아주 사소한 것에도 기뻐하라.

2. 가끔 천천히 기지개를 켜라.

3. 감정을 오랫동안 숨기지 말라.

4. 새로운 것을 배워보아라.

5. 하기 싫던 일에 과감히 도전하라.

6. 불평, 불만을 자제하고 적극적으로 임하라.

7. 시키기 전에 먼저 찾아서 해라.

8. 나도 실수를 하면서 사는 인간임을 잊지 말라.

9. 받기보다는 감사하는 마음을 지녀라.

10. 간혹 변화를 주어라.

수면이란 낮에 소비된 일부의 생명을 회복해서 유지하기 위해
미리 빌려 쓰는 소량의 죽음이다.
_쇼펜하우어

알엔 게이레바린의
스스로 찾아가는 행복의 길

1. 울고 싶을 때는 소리 내어 크게 운다.

2. 자기 자신의 현재 모습을 다른 사람의 모습과 비교해서 좌절하거나 실망하지 않는다.

3. 마음속에 자신만의 비밀 창고를 만들어, 그곳에 자신의 소중한 것들을 넣어둔다.

4. 가슴속 깊이 간절하게 원하는 것이 무엇인가를 스스로에게 묻는다.

5. 앞으로 일어날 불확실한 것으로 인해 자신을 괴롭히지 않는다.

6. 걱정거리가 생겼을 때는 심하게 고민하여 잊는다.

7. 하루에 한 번은 조용히 사색의 시간을 갖는다.

8. 마음의 눈을 가려 사물을 제대로 보지 못하게 하는 아집과 집착의 안경을 과감하게 벗어 던진다.

9. 과거의 아픈 기억들에 대해서 한바탕 운 다음에 그것들로부터 벗어난다.

10. 어떤 선택이 내게 최선의 길인가를 결정하여 스스로에게 말해 준다.

11. '난 이렇게 하지 않으면 안 돼.', '난 이래서 안 돼.' 라는 압박감으로부터 자신을 해방시킨다.

12. 자신의 의견을 주장하더라고 부드럽게 주장하는 법을 배운다.

13. 자신에게 결코 서두르지 말고 기다림과 느긋함의 미학을 가르친다.

14. 자신을 위해 편안한 마음으로 노래를 불러준다.

15. 모험심을 가지고 오늘에 도전해 본다.

16. 가슴에 와닿는 모든 느낌들을 거부하지 말고 있는 그대로 받아들인다.

17. 자신이 결정한 것에 대해서는 그것이 최선의 방법이었다고 그 결정을 지지한다.

18. 마음속에 자신의 어릴 적 순수했던 모습을 간직하고 이를 소중히 여긴다.

19. 남의 의견이나 주장을 비판하려는 마음이 일어난다면 그것을 부드럽게 달래 잠재운다.

20. 삶의 조화와 균형을 생각한다.

21. 마음속에 유머를 나눌 공간은 늘 남겨둔다.

22. 자기가 한 일에 대해 스스로 대견하다고 생각하여 기쁨을 느낀다.

23. 나 자신은 완벽주의자가 아니므로 모든 일에 완벽해지려고 하지 않아도 된다는 것을 자신에게 말해 준다.

24. 어떤 순간이든지 그 순간에 자신이 할 수 있는 모든 역량을 집중한다.

25. 마음이 들려주는 교훈에 귀를 기울인다.

26. 한 번쯤은 괴짜가 되어 행동하는 자기 자신을 생각해 본다.

27. 절벽에서 떨어지는 폭포의 근원을 알기 위해 기꺼이 절벽을 기어오르는 모험도 마다하지 않는다.

28. 감사할 줄 아는 마음이 얼마나 큰 변화의 힘을 가지고 있는가를 기억한다.

29. 자신을 위해 시를 한 편 써서 읽어준다.

30. 가지고 있는 소질과 능력을 오로지 나만이 가질 수 있는 것이라고 높이 인정한다.

31. 이제 막 내린 눈 위를 달빛 아래서 걸어본다.

당신이 만족스러운 마음을 가질 수 있다면
인생을 충분히 행복하게 할 수 있다.
_플라우투스

좋은 사람을 만나는 방법

1. 외관보다는 성품을 보라.
   인격을 갖추지 않은 채 외모에만 신경을 쓰는 사람이라면 당신의 행복을 빼앗아간다.

2. 돈을 어디에 어떻게 쓰는지를 보라.
   자기 과시를 위해 돈을 함부로 쓰는 사람이라면 당신의 행복을 빼앗아간다.

3. 책을 가까이 하는가를 보라.
   책을 읽지 않아 마음의 양식이 부족한 사람이라면 당신의 행복을 빼앗아간다.

4. 다른 사람의 이야기를 자주 하는지를 보라.
   다른 사람을 화제로 삼는 사람이라면 당신의 행복을 빼앗아간다.

5. 다른 사람에게도 친절한가를 보라.

남을 배려하지 않고 말과 행동을 함부로 하는 사람이라면 당신의 행복을 빼앗아간다.

6. 약속을 잘 지키는가를 보라.

늘 약속 시간에 늦고 많은 변명만 늘어놓는 사람이라면 당신의 행복을 빼앗아간다.

7. 받기보다는 베풀 줄 아는가를 보라.

자기 것은 주기 싫어하면서 오로지 받기만을 원하는 사람이라면 당신의 행복을 빼앗아간다.

8. 말과 행동이 일치하는가를 보라.

어제 한 말 다르고 오늘 하는 말이 다른 사람이라면 당신의 행복을 빼앗아간다.

9. 작은 일에도 감사할 줄 아는가를 보라.

도움받는 것을 당연하다고 생각하는 사람이라면 당신의 행복을 빼앗아간다.

10. 꿈을 가지고 실천하는가를 보라.

미래를 위한 계획도 없이 하루하루를 살아가는 사람이라면 당신의 행복을 빼앗아간다.

좋은 인상을 심어주기 위한 방법

1. 첫인상을 위해 옷을 단정히 해야 하며 만나는 사람, 목적, 장소, 시간 등에 따라 맞는 차림을 하라.

2. 대화를 할 때는 상대방의 눈을 계속 바라보며 진행한다.

3. 만나고 헤어질 때는 악수를 나누어라.

4. 항상 미소를 잊지 말라.

5. 말하기보다는 많이 듣기를 즐겨라.

6. 거짓과 가식 없는 모습을 보여주며 상대방을 편하게 해주어라.

7. 나에 대한 일상적인 이야기보다는 상대방의 일상적인 일과 업무에 대해 물어라.

8. 자기의 공치사를 하거나 저명한 사람들과 친분이 있는 척 자랑하지 말라.

9. 많이 먹거나 마시지 말라.

10. 미소를 지니고 악수하고 진심으로 상대방을 칭찬하라.

다른 사람에게 도움을 주는 일을 하는 사람은
자신에게 가장 큰 선물을 주는 것이다.
_세네카

하면 할수록,
들으면 들을수록 좋은 말

1. 서로의 마음을 열게 해주는 말 '미안합니다.'

2. 사람의 마음을 기쁘게 해주는 말 '훌륭합니다.'

3. 하는 사람, 듣는 사람 모두 설레게 하는 말 '사랑합니다.'

4. 모든 것 잊고 하나되게 해주는 말 '우리는….'

5. 화해와 평화를 이루게 해주는 말 '제가 잘못했습니다.'

6. 언제나 힘이 되어주는 말 '처음 마음 잊지 말자.'

7. 세상에서 가장 듣고 싶어하는 말 '내 가장 친한 친구여!'

8. 상대방을 생각해 주는 말 '좋은 생각이군요.'

9. 겸손한 마음을 전해 주는 말 '고맙습니다.'

10. 사랑하는 연인을 위한 말 '우리 사랑 영원히!'

남의 험담을 하는 사람은 경망스런 인간이고
그와 더불어 맞장구를 치는 사람은 비겁한 인간이며,
이것을 엿듣고 전하는 사람은 간사한 인간이다.
_주자

행복으로 가는 길

1. 매일 세 사람을 칭찬하라.
   (Compliment three people everyday)

2. 아침에 해뜨는 것을 보라.
   (Watch a sunrise)

3. '안녕하세요?' 하고 먼저 인사하는 사람이 되라.
   (Be the first to say 'Hello')

4. 기적은 일어난다고 생각하라.
   (Miracles happen)

5. 대접받고 싶은 만큼 대접하라.
   (Treat everyone as you want to be treated)

6. 누구든지 그 사람을 결코 포기하지 말라.
(Never give up on anybody)

7. 벌기보다는 베푸는 생활을 하라.
(Live beneath your means)

8. 잘 하는 사람들을 부러워하지 말라.
(Forget the Joneses)

불평과 잔소리의 한 마디 한 마디는
당신의 무덤을 한 삽씩 파들어가는 것이다.
_나이트

건강은 행복의 시작

1. 건강하려면 안전사고에 대비한다.
   여러 곳에 산재해 있는 위험 요소에 주의를 기울여 사고를 예방하고 사고 시 조치할 수 있는 방법을 배운다.

2. 음식은 골고루 천천히 먹는다.
   편안한 마음으로 천천히 오래 씹어 먹는 것을 즐긴다.

3. 신선한 채소와 과일을 많이 섭취한다.
   육식을 많이 섭취하는 식생활의 변화로 인해 각종 병을 예방하기 위해서는 야채와 과일을 많이 먹어야 한다.

4. 긍정적인 사고로 생활한다.
   편안하고 느긋한 마음처럼 평화로운 것이 없다. 불안, 초조 등에서 벗어나 긍정적인 생각을 갖자.

5. 술은 마시더라도 3잔을 넘기지 않는다.

술 3잔이 넘어가면 술이 사람을 마신다고 한다. 과음은 현재의 자신만 망치는 것이 아니라 내일의 자신도 망친다.

6. 금연한다.

남의 말을 빌리지 않더라도 담배의 해악은 모든 사람들이 알고 있다. 오늘 당장 담배를 휴지통에 던져버리자.

7. 운동은 적당히 하고 과로는 피한다.

많이 걸어라. 걷지 못해 운동을 한다면 규칙적으로 적당히 해야 한다. 운동으로 인해 피곤해지는 우를 범해서는 안 된다.

8. 스트레스를 풀 수 있는 취미 생활을 찾는다.

스트레스는 현대병의 주요 원인이다. 스트레스를 안 받는 것이 최고이겠지만 받았다면 바로 풀 수 있는 취미를 개발해야 한다.

9. 매년 정기적인 건강검진을 받는다.

외형으로 나타나는 건강만 믿어서는 안 된다. 일 년에 한 번은 꼭 건강진단을 받아서 건강에 유념해야 한다.

10. 맵고 짠 음식은 피한다.

맵고 짠 자극적인 음식과 편하다는 이유로 자주 이용하는 인스턴트 식품은 피해야 한다.

창조는 괴로움의 구원인 동시에 삶의 위로인 것이다.
그러나 창조하기 위해서는 그 자신의 괴로움이 따르면서
많은 변화가 요구되는 것이다.
_니체

인간 관계에서 잊지 말아야 할 것

1. 자신의 실수를 인정할 줄 알아야 한다.

2. 상대방에게 칭찬을 아끼지 말고 관대한 사람이 되어야 한다.

3. 상대방의 의견을 존중할 줄 알아야 한다.

4. 만나는 사람들의 이름을 불러주며 정중한 말로 먼저 인사할 줄 알아야 한다.

5. 고마움을 표시할 줄 알아야 한다.

6. 진실로 사람에게 관심을 가지고 노력한다면 거의 모든 사람들은 당신을 좋아하게 될 것이다.

자기 창조를 도와주는 방법

1. 꿈을 가져라.

자기 창조, 자기 개발을 위해서는 먼저 꿈을 가져라. 꿈이 없이는 계획도 실천도 가지지 못한다. 원대한 꿈보다는 실현 가능한 꿈을 가져라. 실현 가능한 꿈을 이룰 때 그 성취감을 느껴야 더 큰꿈을 키워 나가게 된다. 그러나 성취욕에 사로잡혀 너무 작은 꿈만을 목표로 삼는 일은 경계해야 한다.

2. 휴식처를 가져라.

꿈을 위해 자기에게 최선을 다하다 보면 어느새 일에 쫓겨 피로에 휩싸여 게을러지고 나약해지게 된다. 이를 경계하기 위해 피로를 풀고 정신 무장을 다시 해서 항상 새로운 마음으로 임할 수 있는 휴식처를 준비해야 한다.

3. 꾸준히 자기 암시를 하라.

항상 나는 할 수 있다는 자기 암시를 통해 힘든 상황이 닥치더라도 이겨낼 수 있는 마음가짐을 갖는다.

4. 조언자를 구하라.

독단과 아집은 일을 그르치는 가장 큰 요인으로 작용한다. 혼자보다는 많은 사람들의 의견을 받아들이고 자기의 잘못을 인정하여 수정하면 보다 좋은 결과를 얻게 된다.

5. 유언을 준비하라.

유언장을 써서 간직하고 있어라. 삶을 진지하게 사는 사람은 죽음을 두려워하지 않는다. 그런 삶을 살 수 있도록 하루하루 최선을 다해서 노력해야 한다.

6. 부정적인 사람들을 멀리하라.

이 세상은 사람을 떠나서는 아무것도 할 수 없다. 그러나 주변 사람의 사고 방식은 자신에게도 영향을 미치게 된다. 따라서 부정적인 사람들을 멀리하고 긍정적이고 낙관적인 사람들과 많은 교류를 해야 한다.

7. 두려움을 없애라.

두려움에 맞서 이겨내야 한다. 두려움은 피하려고 하면 할수록 더 가까이 쫓아와 괴롭히게 되고 아무리 작은 두려움이라도 극복하게 되면 인생을 살아가는 데 많은 자신감을 얻게 된다.

8. 변화를 예측하라.

모든 상황은 하루가 멀다하고 수시로 바뀌고 있다. 변화에 적응하지 못하면 자연히 도태되고 마는 것이 현실이다. 현재를 직시하여 미래를 예측할 수 있는 안목을 키워 변화되는 상황에 적절히 대처할 수 있는 방안을 강구해야 한다.

9. 원인을 찾아라.

모든 결과와 실패에는 원인이 있게 마련이다. 원인의 규명과 개선 없이는 같은 결과와 실패를 가져올 것이 불을 보듯 뻔하다. 원인을 찾아 지금까지의 결과가 수포로 돌아간다고 해도 이는 장래를 보면 그만큼 시간과 돈을 아낄 수 있는 것이다.

10. 자신을 개혁하라.

자신이 변화되기를 거부하면서 다른 사람들의 개혁을 꿈꾸지 말라. 다른 사람들이 개혁된 만큼 자신은 다른 사람의 과거를 살고 있는 것이다. 그런 진부한 사고를 가지고 다른 사람들의 의견을 수렴할 수 있겠는가?

11. 충분히 검토하라.

하고 난 일을 되돌릴 수 없다. 일을 추진하기 전에 충분히 검토하고 다양한 방법을 동원하여 결과를 미리 예측하라. 결정은 신중하게 하고 내려진 결정은 과감히 추진해야 한다.

12. 하고 있는 일에 최선을 다하라.

하고 있는 일에 확신을 가지고 모든 역량을 투입하라. 실패한 사람은 실패를 한 뒤 어느 한 부분에서 최선을 다하지 못했음을 후회한다. 그런 후회를 하지 않으려면 현재에 최선을 해야 한다. 최선을 다했으면 후회도 없다.

행복이란

1. 고난 속에서도 좌절하지 않고 꿈을 실현하면 행복한 사람이다.

2. 아무리 작은 집이라도 누워 쉴 수 있어 좋다고 생각하면 행복한 사람이다.

3. 고난이 찾아와 힘들 때 곁에서 위로해 줄 사람이 있다면 행복한 사람이다.

4. 맡은 일을 기쁜 마음으로 처리하면 행복한 사람이다.

5. 아무리 힘든 날이었어도 다음날 떠오르는 태양을 보며 계획을 세우면 행복한 사람이다.

6. 작은 것에도 감사할 줄 알면 행복한 사람이다.

7. 웃는 얼굴로 만나는 사람마다 인사를 할 수 있다면 행복한 사람이다.

8. 취미 생활을 통해 휴식을 취할 수 있다면 행복한 사람이다.

9. 행복을 가까운 곳에서 찾을 수 있다면 행복한 사람이다.

10. 시 한 편을 읊고, 노래 한 곡 부를 수 있다면 행복한 사람이다.

11. 땀흘려 할 수 있는 일을 가지고 있다면 행복한 사람이다.

12. 사랑을 고백할 대상이 있다면 행복한 사람이다.

13. 도전할 수 있는 목표를 갖고 있다면 행복한 사람이다.

14. 늘 새로운 것을 배우고 익힐 수 있다면 행복한 사람이다.

15. 아직 베풀 것이 남아 있다고 생각하면 행복한 사람이다.

16. 자기의 잘못을 인정하고 용서를 구할 수 있다면 행복한 사람이다.

17. 상대방을 이해하고 포용할 수 있다면 행복한 사람이다.

18. 슬픈 연속극을 보며 눈물을 흘릴 수 있다면 행복한 사람이다.

19. 과정에 충실하고 최선을 다할 수 있다면 행복한 사람이다.

20. 하늘을 우러러 부끄러움이 없다면 행복한 사람이다.

21. 남을 배려할 수 있는 여유가 있다면 행복한 사람이다.

22. 남의 잘못을 용서할 수 있다면 행복한 사람이다.

23. 하루 동안에 일어난 일을 즐겁게 이야기할 수 있다면 행복한 사람이다.

24. 자기 마음을 다스릴 줄 알면 행복한 사람이다.

25. 찾아오는 이를 즐겁게 맞이할 수 있다면 행복한 사람이다.

행복을 위해 지금 시작해야 할 일

1. 할 일이 생각나거든 과감히 도전하라.
   미루면 미룰수록 더 좋은 생각은 떠오르지 않는다. 할 일이 생각나거든 지금 시작하라. 오늘 찾아온 기회가 내일까지 기다릴 것이라고 생각하지 말라.

2. 어제에 집착하지 말라.
   어제 하지 못했다고 후회만 하지 말라. 현재에 할 일을 찾아 시작한다면 어제는 좋은 추억으로 기억되며 미래는 밝게 다가온다.

3. 진정 사랑하는 사람이 있다면 사랑한다고 말하라.
   사랑하는 사람이라도 항상 곁에 있지 않고, 당신만을 기다리지는 않는다. 그 사람을 떠나보낸 후에 후회하지 말고 떠나기 전에 사랑을 고백하고 곁에 두어야 한다.

4. 친구를 소중히 생각하라.

자신이 어렵고 힘들 때 가장 큰힘이 되어주는 친구를 한 번의 실수로 잃지 않도록 평소에 관심을 가지도록 노력하라. 내 등 위의 짐을 함께 지고 가는 친구를 소중하게 여겨야 한다.

5. 일을 떠나 자신을 위해 무언가를 개발하라.

일에 찌든 자신의 모습을 돌이켜보면서 자신을 개선할 수 있고, 당신만의 기쁨을 만끽할 수 있는 취미를 개발하라. 이에 약간의 시간만 투자하면 자신의 모습이 바뀌고 일에도 활력을 되찾을 수 있을 것이다.

내일의 일을 훌륭하게 하기 위한 최선의 준비는 바로
오늘 일을 훌륭하게 완수하는 것이다.
_엘버트 허버드

매력적인 사람이 되기 위한 충고

1. 웃음을 잃지 않고 유머 감각을 키워라.

2. 남의 말을 하기보다 남의 말에 귀를 기울여라.

3. 사람을 편견으로 보지 말고 공정하게 보라.

4. 어떠한 상황에 처하더라도 약속은 지켜라.

5. 매사에 감사하는 마음을 지니고 표시하라.

6. 필요하다고 생각될 때는 과감히 도전하라.

7. 꿈을 가지고 그것을 향해 노력하고 최선을 다하라.

8. 첫인상은 인간 관계에 중요하므로 용모 단정하게 하라.

9. 말을 조심해서 하고 한 번 더 생각하고 말하라.

10. 나에게 인색하게 굴지 말고 가진 것을 베풀어라.

나의 명예는 나의 생명이다. 이 두 가지는 함께 자라고 있다.
내게서 명예를 빼앗아버리면 내 생명은 다한 것이다.
_셰익스피어

우리가 지녀야 할 것

1. 결코 불의와 위협 앞에서도 타협하지 않으며, 어떠한 상황에서도 왜곡됨이 없는 진실을 우리는 지녀야 한다.

2. 모든 일에 관심을 가지고 철저한 계획을 통해 일의 진행 사항을 체크해 나갈 수 있는 세심함을 우리는 지녀야 한다.

3. 건전한 마음으로 어떤 위압이나 위협에도 굴복하지 않을 강인함을 우리는 지녀야 한다.

4. 말과 행동, 숫자와 시간을 정확히 지킬 수 있는 정확함을 우리는 지녀야 한다.

5. 주변 사람들의 의견과 비판을 과감히 수용할 수 있는 포용력을 우리는 지녀야 한다.

6. 나태와 게으름을 극복할 수 있는 근면함을 우리는 지녀야 한다.

7. 급할수록 돌아가라. 어떤 일에도 조급해 하지 않고 처리할 수 있는 여유를 우리는 지녀야 한다.

8. 현재를 직시하여 미래를 예측하고, 부분이 아닌 전체를 볼 수 있는 통찰력을 우리는 지녀야 한다.

9. 타인에게는 용서와 관용을 베풀어야 하지만 자기 자신에 대해서는 항상 엄격함을 우리는 지녀야 한다.

10. 일을 시작함에 있어 항상 첫마음을 유지하며, 그 일에 대한 끝을 맺을 수 있는 마무리를 우리는 지녀야 한다.

좋은 하루를 보내려면

1. 좋은 하루를 보내려면 아침에 일어나 생각하고

2. 만나는 사람마다 먼저 인사하고

3. 매사를 항상 밝고 긍정적으로 처리하고

4. 모든 사람에게 따뜻한 말 한 마디를 건네고

5. 항상 다른 사람들을 배려하고

6. 남을 비난하기보다 칭찬을 하고

7. 기초 질서를 잘 지키고

8. 착한 일을 많이 하고

9. 친구들에게 안부를 전하고

10. 자신을 믿고 있는 가족을 생각하고

11. 하루를 되돌아 반성하고

12. 잠들기 전에 계획을 세운다.

미덕을 갖춘 사람은 분별력도 생기고, 이해심도 깊으며,
현명해지고, 용기가 있으며, 연민의 정도 많으며,
언제나 즐겁고 정직하며, 통찰력도 뛰어나다.
_그라시안

건전한 마음을 기르는 방법

1. 다른 사람의 좋은 점을 보고 배워라.
   자신뿐만 아니라 인간은 누구나 단점을 가지고 있다. 그러나 그러한 단점을 찾아내어 고치도록 노력하는 사람은 행복하다.

2. 자신의 실수를 인정하라.
   자신이 한 실수에 대해 그것을 감추고 무마시키려 하지 말고 과감히 인정하고 개선하는 사람은 행복하다.

3. 공중도덕을 잘 지켜라.
   다른 사람이 공중도덕을 안 지키는 것은 나쁜 것이고 자기가 지키지 않는 것은 바빠서라고 자기 위안을 하지 않는 사람은 행복하다.

4. 자신을 너무 혹사시키지 말라.

자기에게 가장 소중한 것은 건강이라고 생각하고 무리하지 않고 다음 할 일을 준비하는 사람은 행복하다.

5. 감사하는 마음을 잃지 말라.

남에게 도움을 받고 감사하는 마음을 가지고, 자신도 다른 사람에게 도움을 주는 사람은 행복하다.

6. 새로운 것을 배워라.

현재의 자신에 만족하지 않고 항상 새로운 것을 배우려고 노력하는 사람은 행복하다.

7. 자신을 있는 그대로 받아들여라.

자신의 능력을 낮게도 높게도 아닌 있는 그대로 받아들여 일을 처리하는 사람은 행복하다.

8. 현실을 직시하라.

조급함, 압박감, 두려움 등에 사로잡히기보다는 주어진 상황, 주어진 위치를 아는 사람은 행복하다.

9. 긍정적인 사고를 지녀라.

매사에 '안 된다.', '안 될 것 같다.' 라는 부정적인 생각보다는 '꼭 될 거야.', '하고 말 거야.' 라고 긍정적인 사고를 가진 사람은 행복하다.

10. 순수했던 때를 기억하라.

자신이 가장 순수했던 어릴 적 모습을 생각하면서 그 마음을 잃지 않는 사람은 행복한 사람이다.

행복을 만들기 위한 오늘의 실천

1. 가족들에게 아침, 저녁으로 인사를 해보자.
   활기찬 아침을 위해, 편안한 저녁을 위해 가족들끼리 인사를 나누어보자.

2. 가족을 위해 심부름을 해보자.
   바쁜 시간을 쪼개어 즐거운 마음으로 가족들의 심부름을 해보자. 좋은 일을 했다는 뿌듯한 마음과 환한 웃음이 저절로 따라오다.

3. 친구들에게 자주 안부를 전해 보자.
   친구에게 연락이 없다고 모른 척하지 말자. 친구에게 연락이 왔을 때 얼마나 기뻤던가를 생각하고 먼저 전화를 해보자.

4. 즐거운 마음으로 자리를 양보해 보자.

피곤하고 지쳤다고 자는 척하지 말고 일어나 자리를 양보해 보자. 앉는 사람의 환한 웃음을 보면 피곤도 풀어질 것이다.

5. 누가 시키기 전에 찾아서 먼저 해보자.

일을 찾아서 해보자. 누가 시켜서 하는 일은 왠지 모를 거부감부터 생긴다. 능동적인 나를 만들어보자.

6. 안전 운전을 위해 노력해 보자.

운전은 경쟁도 묘기도 아니다. 운전하면서 상한 기분은 모든 일에 영향을 미치게 된다.

7. 분위기를 위해 꽃 한 송이를 꽂아보자.

꽃을 싫어하는 사람이 있을까. 꽃의 향기가 가득한 곳에는 모든 사람의 마음이 편안해진다.

8. 어떠한 일에도 화를 내지 말자.

화를 내면 자신뿐만 아니라 주위의 모든 사람이 똑같은 기분으로 전염된다. 나와 다른 사람을 위해 화는 절대로 내지 말자.

9. 하루 반성을 위해 일기를 써보자.

잠자리에 들기 전, 하루를 되돌아보며 꼭 간직하고 싶었던 일들과 잘못했던 일들을 적어 자기 발전에 활용하자.

10. 잠자리에 들기 전에 기도를 해보자.

일기를 다 쓰고 나서 오늘 하루도 무사히 보낸 것과 내일엔 좋은 일만 생기기를 빌어보자.

즐거운 삶을 사는 방법

1. 샤워할 때 좋아하는 노래를 불러보자.

2. 일 년에 한 번은 해돋이를 보러 가자.

3. 한가하게 달콤한 낮잠을 즐겨보자.

4. 대화를 위해 세 가지 새로운 유머를 알아두자.

5. 매일 칭찬할 사람을 찾자.

6. 보랏빛 미래를 상상해 보자.

7. 꿈은 크게 갖되 작은 결과에도 기뻐하자.

8. 다림질 잘 된 하얀 셔츠를 입어보자.

9. 답답할 때는 양치질을 해보자.

10. 만화를 보며 혼자 실없이 웃어보자.

11. 부정적인 사람들을 멀리하자.

12. 어머니를 불러보자.

13. 오늘 할 일을 머릿속에 그려보자.

14. 만나는 사람에게 먼저 웃는 낯으로 인사하자.

15. 하루에 한 가지씩 배우자.

16. 자신만의 비밀을 만들자.

17. 남을 위해 할 수 있는 일을 찾아보자.

18. 남을 비난하지 말고 칭찬하자.

19. 오늘 무엇을 했나 되돌아보자.

20. 나를 필요로 하는 곳에 꼭 참석하자.

21. 그래도 삶은 살 만한 거야 하고 생각하자.

22. 행운의 여신을 믿어보자.

23. 오랫동안 만나지 못한 친구에게 전화를 하자.

24. 자신을 위해 축하를 하자.

25. 사랑의 소중함을 깨닫자.

26. 실수를 인정하며 살자.

27. 잠자는 아이의 얼굴을 바라보자.

28. 나를 기다리고 있는 이를 생각하자.

29. 앨범을 뒤적이며 추억을 떠올려보자.

30. 잠자리에 들 때 기도하자.